Preparado Para El Éxito

LO QUE TODO PADRE DEBE SABER
Sobre el Proceso de Admisión Universitaria

A. Nicki Washington, Ph.D.

Preparado Para El Éxito: Lo Que Todo Padre
Debe Saber Sobre el Proceso de Admisión Universitaria
Copyright © 2011
A. Nicki Washington, Ph.D.

TODOS DERECHOS RESERVADOS.

Impreso en los Estados Unidos de América. Ninguna porción de esta publicación puede ser reproducida, almacenada en ningún sistema electrónico o transmitida de ninguna manera o por cualquier medio, electrónico, mecánico, fotocopiado, grabado o por otro medio, sin autorización por escrito del autor. Citas cortas pueden usarse en críticas literarias.

'A' Game Educational Services

www.preppedforsuccess.com

Portada ilustrada por Yelena's Creations.

Traducido del inglés por Cristina M. Arroyo.

ISBN: 978-0-615-35173-5

PARA MÁS INFORMACIÓN:
A. Nicki Washington, Ph.D.
P.O. Box 101842
Arlington, VA 22210
info@preppedforsuccess.com

Agradecimientos

Me gustaría darle las gracias a todos los que me animaron y ayudaron a escribir este libro. Sin cada uno de ustedes, esto no hubiera sido posible.

CONTENIDO

Introducción 7

Capítulo 1:
Primero lo primero 9

Capítulo 2:
Selecciona una especialidad 15

Capítulo 3:
Selecciona escuelas 23

Capítulo 4:
Llena la solicitud 31

Capítulo 5:
Exámenes de admisión 41

Capítulo 6:
Busca ayuda económica 51

Capítulo 7:
Estudiantes internacionales 65

Capítulo 8:
Tareas tras la decisión 71

Capítulo 9:
El verano anterior 79

Capítulo 10:
Palabras Finales 83

Introducción

¡Felicidades! Si estás leyendo esto, entonces has tomado el primer paso para prepararte a ti y a tu estudiante para el próximo capítulo de su vida: ¡LA UNIVERSIDAD! Los próximos cuatro (o más) años serán el comienzo de una nueva etapa para ambos. Es importante que estén adecuadamente preparados para el camino por delante.

Hay un sinnúmero de libros disponibles para estudiantes que solicitan a la universidad. Algunos libros se enfocan en temas tales como redactar ensayos de admisión dignos de premios, obtener becas y sobresalir en exámenes de admisión. Sin embargo, este libro está diseñado para ti, el padre. Aunque tu estudiante es el que debe de llenar las solicitudes, es importante que también entiendas el proceso, los requisitos y las expectativas que todo esto conlleva para que seas capaz de ayudar a tu estudiante lo más posible a través del proceso.

Este libro sirve como una guía que puedes consultar mientras tu estudiante completa su último año de la escuela secundaria. Encontrarás información sobre todo desde cómo identificar posibles universidades hasta qué tareas finalizar durante el verano tras su graduación de la secundaria. Cada capítulo explica, en orden, los pasos a completar. Además, provee las respuestas a preguntas frecuentes y un plazo para completar el paso a mano. Esta fecha límite sirve como un indicador con el cual tu estudiante y tú pueden medir su progreso. De acuerdo a tu situación, puedes estar unos pasos más adelante o atrás, pero todavía puedes completarlo todo y con éxito.

Tras leer este libro, podrás identificar los próximos pasos a completar y podrás seguir el progreso de tu estudiante. También podrás referir a cualquier capítulo en cualquier momento durante el proceso. Aunque esta guía no garantiza que tu estudiante será admitido a la universidad, sí te provee con la mejor ventaja posible, al preparar una solicitud completa que resalte los talentos que tu estudiante le puede brindar a cualquier universidad. ¡Suerte!

1
Primero lo primero

Hay tantas cosas que tomar en cuenta al planear solicitar a la universidad que puede ser difícil saber por dónde empezar. Algunos estudiantes y padres inmediatamente se registran para tomar exámenes de admisión estandarizados. Otros comienzan al visitar colegios y universidades. Algunos estudiantes conocen, de antemano, a cuales escuelas quieren asistir con solicitudes ya listas. A pesar de cuán avanzado o atrasado esté tu estudiante y tú en este proceso, es mejor parar, respirar profundo y seguir los siguientes pasos preliminares:

- Obtén una copia de la transcripción de créditos de la escuela secundaria.
- Redacta un currículo profesional.
- Consigue acceso a una computadora e Internet.
- Implementa un sistema de archivo.

Transcripción de créditos

Por lo general, la única vez que un padre o estudiante ve una copia de una transcripción de créditos es al solicitar para algo que lo exija (p. ej., colegios, becas, etc.). No obstante, para este entonces ya puede ser demasiado tarde, pues la transcripción puede contener datos incorrectos o dañinos que pueden impedir a que tu estudiante sea aceptado a universidades.

Es importante guardar una copia de este documento para tus récords por un sinnúmero de razones. Primero, te proveerá una lista completa de todos los cursos tomados, incluyendo los créditos de cursos transferidos (si aplica), clasificaciones otorgadas y promedio acumulativo y por sesión (trimestre, semestre, etc.).

Segundo, te asegurará que tu estudiante cumple no sólo con los requisitos de admisión de cualquier universidad pero también con los requisitos para la graduación de la escuela secundaria. Si encuentras información errónea, tal como clasificaciones o cálculo de promedio incorrecto, entonces tendrás tiempo para corregirla antes de someter copias a universidades u organizaciones. Ten en cuenta que este documento provee un informe académico detallado de tu estudiante. No da lugar para sorpresas de última hora. Puedes pedirle la copia de la transcripción de créditos a la asesora académica de la escuela secundaria de tu estudiante.

Acceso a computadora e Internet

La Internet ha revolucionado el acceso a información. Esta tecnología te será muy útil al comenzar a buscar escuelas, especialidades, profesiones, ayuda económica y otra información necesaria. Cosas que antes sólo se podían encontrar en libros o en persona ahora están disponibles a cualquier hora desde tu computadora, incluyendo *tours* de campus virtuales, material de práctica para exámenes de admisión, solicitudes en línea y más. Si no tienes una computadora o acceso a Internet, busca sitios cercanos, tales como escuelas, bibliotecas públicas, centros comunitarios, etc., que ofrezcan acceso a computadoras e Internet gratis.

Currículo profesional

Es importante que el estudiante redacte un currículo profesional lo antes posible. Muchos padres y estudiantes no consideran necesario un currículo para un estudiante de la escuela secundaria. Sin embargo, un estudiante de cuarto año lo necesitará no sólo como parte de las solicitudes de admisión y de becas pero también al solicitar a internados y trabajos. El currículo será su tarjeta de presentación profesional. Más abajo puedes ver un modelo de un currículo profesional:

Juan Estudiante
Juan.Estudiante@miemail.com
111 Mi Calle
Ciudad, Estado
(123) 456-7890

Objetivo   Obtener experiencia en cualquier campo para alcanzar el éxito en cualquier trabajo.

Destrezas	-Resaltar cualquier destreza que domines y que sea de provecho en la plaza a la cual estés solicitando (*software* de computadoras, presentaciones, escritura, trabajo en equipo, etc.).
Experiencia profesional	Año Nombre de la compañía, Título, Departamento Lista de responsabilidades de la posición, tales como servicio al cliente, registro de datos, etc.
Educación	Tu escuela secundaria, Ciudad, Estado Fecha de graduación: Mes, Año Promedio: 4.0/4.0
Cursos pertinentes	-Biología I/II -Pre-Cálculo I/II -Mercadeo -Cálculo I/II
Actividades	-Trabajo voluntario -Deportes -Cualquier otra actividad extracurricular pertinente en la que hayas participado.
Honores	-Premios académicos -Premios extracurriculares -Sociedades de honor, otros premios recibidos
Referencias	Disponibles bajo pedido

No olvides lo siguiente al redactar tu currículo:

- *No debe tomar más de UNA PÁGINA. Asesores de admisiones, reclutadores y otras organizaciones, por lo general, no recomiendan currículos de más de una página. Si es necesario, modifica el tipo o tamaño de la letra y/o márgenes de la página.*

- *Escoge un tipo de letra simple y básico (p. ej., Times New Roman, Arial, etc.) y el tamaño de la misma de por lo menos 9 ó 10 puntos.*

- *Usa una dirección de email profesional. Varios sitios Web ofrecen cuentas de email gratis (p. ej., Yahoo, Hotmail y Gmail). Se recomienda que uses una combinación de tu nombre, segundo nombre, apellido(s) y/o iniciales. Si no están disponibles, también se recomienda el uso de años de importancia. O sea, puedes usar, por ejemplo, john.brown@email.com,*

- *jbrown00@email.com, etc. NUNCA uses una dirección de email que no sea profesional, tal como chicafly@email.com, fannumero1@email.com, etc.*

- *Actualiza el currículo tras cada semestre/año agregando nueva información, incluyendo cursos, trabajos, premios y actividades. Al agregar estos nuevos datos, puedes remover algunos más viejos. Entonces la información más actual y pertinente es la que permanecerá en el currículo. Todo esto asegurará que tu estudiante siempre mantendrá un informe exacto y detallado de sus actividades y logros.*

- *Documéntalo todo, ¡pero ve al grano! Asegúrate de enumerar cursos, actividades, deportes, trabajos voluntarios, premios y honores pertinentes que atraerán a universidades. Si un dato toma más de una columna de espacio, entonces muévelo al final de la lista, tal como en la sección de "Honores" en el currículo modelo.*

- *Pon "Referencias disponibles bajo pedido" en vez de nombres e información de los contactos.*

Implementa un sistema de archivo

¡Organízate! Usa una libreta y separadores o carpetas para guardar toda información relacionada al proceso de admisión a universidades de tu estudiante. Esto incluye información recibida antes y después de que tu estudiante sea aceptado a la universidad. A través del último año de la escuela secundaria, necesitarás, obtendrás y guardarás mucha información. Es importante que mantengas un récord exacto de toda esta información y acceso a la misma en todo momento.

Resumen

Antes de pedir solicitudes, llenar formularios de ayuda económica o planear visitas a colegios, asegura que tú y tu estudiante obtengan copias de la transcripción de créditos, consigan acceso a una computadora e Internet, redacten un currículo profesional e implementen un sistema de archivo para todo documento.

Fecha límite
    Debes completar las actividades en este capítulo lo antes posible. A lo más tardar, deben ser completadas antes del primer día de clases del último año de la escuela secundaria de tu estudiante.

2

Selecciona una especialidad

El título es la razón más importante de asistir a la universidad. Después de todo, éste es la base académica para la trayectoria profesional de tu estudiante. Escoger una especialidad conlleva una gran preocupación para muchos estudiantes. Algunos estudiantes ya saben en qué desean especializarse desde el noveno grado. Otros se cambian de especialidad varias veces antes de matricularse. Algunos no declaran su especialidad hasta su segundo año de bachillerato. Por último, hay estudiantes que cambian su especialidad en su cuarto año de bachillerato (aunque no es común o recomendado).

Puedes evitar estos obstáculos si tu estudiante y tú consideran meticulosamente posibles especialidades ANTES de la matrícula o durante el primer año de bachillerato. Este capítulo te ayudará a identificar áreas de interés al igual que otras posibilidades que tal vez no has considerado.

Cómo seleccionar una especialidad

A menudo la gente cree que la manera más fácil de escoger una especialidad es identificar una carrera deseada y entonces seleccionar la especialidad que obviamente conduzca a la misma. Por ejemplo, si el estudiante quiere ser abogado, él/ella entonces cree que debe declarar una especialidad de justicia criminal o ciencias políticas. Aunque esto puede ser lógico y útil, ni es necesario ni toma en cuenta todas las especialidades disponibles. Por ejemplo, muchos abogados tienen bachilleratos en comercio, ingeniería, inglés y ciencia. Seleccionar una especialidad debe ser el resultado de una decisión bien analizada que incluye los siguientes factores:

- *Intereses profesionales*
- *Requisitos del título*
- *Puntos fuertes y débiles académicos*

Intereses profesionales

Obviamente, buscar carreras que le puedan interesar a tu estudiante es una manera de identificar una especialidad. Esto ayudará a determinar una gama de disciplinas que conducirá a una carrera en estos campos. Por lo general, la gente no considera, aún como estudiantes universitarios, las varias oportunidades profesionales que un título universitario puede proveer. Por ejemplo, considera una especialidad en ciencias de cómputos. ¿Cuáles carreras están disponibles a personas con esta preparación académica? Pueden desarrollar *software* financiero en Wall Street, probar videojuegos o crear sitios Web, entre otras cosas.

Estas carreras, aunque son especializadas, requieren un título universitario en ciencias de cómputos. Por esta razón, es importante entender cuales oportunidades profesionales le interesan a tu estudiante. Puedes usar esta información para explorar varias especialidades que conducirán a estas carreras. Puede ser que estés considerando lo más obvio e ignorando otras nuevas y emocionantes oportunidades disponibles.

Considera otro ejemplo. Si tu estudiante quiere ser un pediatra, ¿qué especialidades están disponibles? ¿Qué tal las ciencias, como biología, química, etc.? ¿Cuáles otras oportunidades profesionales puedes explorar con estas preparaciones académicas? ¿Qué tal conducir investigaciones para curas de enfermedades o desarrollar una línea de cosméticos? Puedes aprender más sobre especialidades y carreras visitando el sitio Web en inglés del CollegeBoard, *http://www.collegeboard.com/student/csearch/majors_careers/*.

Requisitos del título

Al considerar intereses profesionales, es importante ver más allá del sueldo deseado. Obviamente, hay muchas especialidades que prometen un generoso sueldo. Sin embargo, es importante entender los requisitos del título de las mismas. Por esto es que los intereses profesionales son sólo uno de muchos factores que se deben considerar al seleccionar una especialidad. Muchos estudiantes escogen su especialidad de acuerdo al sueldo inicial.

Sin embargo, los requisitos del título pueden conllevar más de lo esperado, resultando a que el estudiante cambie de especialidad, se desilusione con el departamento y/o universidad y posiblemente decida abandonar el programa o la universidad por completo.

Por ejemplo, considera una especialidad en ingeniería eléctrica, la cual requiere matemática avanzada. Si conoces los puntos fuertes y débiles en matemática de tu estudiante, podrás determinar si él/ella podrá graduarse en cuatro años, si necesitará más tiempo, si un programa de transición de la secundaria a la universidad (que muchas universidades ofrecen) le ayudará y si la secundaria ofrece cursos de preparación.

Al igual, una especialidad en biología requiere muchos cursos en las ciencias. Si tu estudiante se ha destacado en esta materia, ¡felicidades! Esta puede ser la unión perfecta. Sin embargo, si él/ella ha tenido dificultad con clases de ciencia, entonces este es el momento de evaluar si su estudiante ha tomado suficientes cursos en ciencia para prepararse para un programa universitario y los pasos a tomar para prepararse adecuadamente para la especialidad.

En fin, debes tomar en cuenta el nivel de educación al repasar los requisitos de la especialidad para graduarse. Normalmente, esto depende de intereses profesionales. Por ejemplo, si tu estudiante quiere ser un pediatra, entonces él/ella debe seguir con estudios postgraduados. En otros casos, esto no será un requisito, pero el mercado laboral indicará si es necesario obtener un título de postgrado o tomar entrenamiento adicional.

Si a tu estudiante le interesa una especialidad en administración de empresas, por ejemplo, entonces él/ella debe tomar en cuenta que esta disciplina puede requerir una Maestría en Administración de Empresas (MBA). Muchas empresas sólo contratan profesionales con un MBA para ciertas plazas. Al igual, un estudiante especializado en contaduría puede encontrar trabajo con sólo un bachillerato. Sin embargo, se puede encontrar más oportunidades y asegurar un sueldo más alto como censor jurado de cuentas (CPA).

Puntos fuertes y débiles académicos

Entender los puntos fuertes y débiles de tu estudiante es el último paso para identificar posibles especialidades. Como ya dicho, ciertas especialidades requieren mucho en materias específicas. Si entiendes e identificas los puntos fuertes y débiles de tu estudiante en ciertas materias entonces se te hará más fácil encontrar una especialidad con requisitos que correspondan con las destrezas de tu estudiante. Esto no sólo te ayudará a identificar áreas en la que necesita más atención y desarrollo sino también ayudará con sus asignaciones o tareas de la secundaria.

Su tu estudiante sobresale en las matemáticas, por ejemplo, entonces varias especialidades podrían interesarle, incluyendo ingeniería, ciencias de cómputo, matemática, física y contaduría, para citar algunas. Si tu estudiante domina la escritura y el inglés, entonces puedes considerar periodismo, relaciones públicas e inglés, entre otras.

Conocer lo que le gusta hacer a tu estudiante es otra manera de identificar posibles especialidades. Considera las siguientes preguntas sobre tu estudiante:

- *¿Qué talentos posee? ¿Qué lo motiva?*
- *¿Cuáles materias domina?*
- *¿Cuáles materias le presentan dificultades?*

Aunque no sea tan obvio, la última pregunta es una de gran importancia. A menudo, estudiantes seleccionan sus especialidades sólo por los atractivos sueldos y expectativas profesionales que prometen. Sin embargo, estas disciplinas no son necesariamente las que el estudiante domina académicamente. Por ejemplo, un estudiante que encuentra dificultad en álgebra básica puede enfrentar un sinnúmero de retos con una especialidad que requiera cursos de matemática avanzada, incluyendo cálculo I, II y III, ecuaciones diferenciales, etc.

Claro, esto NO significa que tu estudiante no debe aspirar a explorar especialidades en estos campos, si éste es el caso. No obstante, ustedes deben entender por completo los requisitos de la especialidad y adoptar expectativas razonables. Esto conlleva entender que el estudiante tal vez necesitará tomar cursos básicos adicionales, tutoría privada, escuela de verano y un año adicional o más en la universidad.

En fin, identificar las materias que tu estudiante domina y las que le dan dificultades los ayudará a seleccionar una especialidad gratificante que conducirá a su carrera deseada. Es importante identificar los puntos fuertes y débiles del estudiante lo antes posible para evitar perder recursos en cursos y créditos que no son necesarios.

Preguntas frecuentes

¿Y si mi estudiante no está seguro/a de cuál especialidad escoger?

Esto es aún más común de lo que piensas. Muchos estudiantes declaran su especialidad en el segundo año de bachillerato. Por lo general, en el primer año, universidades requieren cursos básicos que cubren las materias de matemática, ciencia, inglés y educación física. Algunas universidades les exigen a los estudiantes que declaren su especialidad al aceptar asistir a la universidad. En fin, el estudiante no tomará muchos cursos relacionados a su especialidad el primer semestre o año de bachillerato.

¿Y si quiere cambiar su especialidad?

Estudiantes siempre pueden cambiar su especialidad. Sin embargo, no sólo deben entender los requisitos de la nueva especialidad pero también las consecuencias que conlleva cambiar de especialidad. Conoce cuántos créditos se pueden transferir hacia la nueva especialidad y cuánto tiempo tomará graduarse con la misma. Es mejor cambiar de especialidad en los primeros dos años de bachillerato. Tiempo y créditos adicionales se desperdiciarán en cursos que no contarán para graduarse. Además, algunas escuelas o departamentos requieren del estudiante pasar todos los cursos de la primera especialidad seleccionada antes de cambiar de especialidad formalmente.

Estudiantes también deben considerar una subespecialidad en vez de cambiar su especialidad. Una subespecialidad provee bastante educación para clasificar a un estudiante como competente en una materia y requiere menos créditos que una especialidad.

¿Y si mi estudiante quiere seleccionar dos especialidades?
Hay muchos estudiantes que declaran dos especialidades. Sin embargo, revisa los requisitos de cada una además del tiempo que le tomará a tu estudiante completarlos. ¿Tendrá que tomar cursos en el verano para poder cumplir con los requisitos de ambas especialidades? ¿Se graduará dentro de lo que se considera normal (lo cual depende de la especialidad) o tendrá que quedarse más semestres? Algunas veces tu estudiante podrá tomar cursos que cuentan para ambas especialidades. Por otra parte, tu estudiante tal vez debe considerar una subespecialidad.

¿Y si mi estudiante no puede identificar una especialidad que le interese?
No te desilusiones. Algunas universidades no les exigen a los estudiantes que escojan su especialidad al solicitar o inscribirse. Sin embargo, su estudiante debe considerar sus intereses profesionales, puntos fuertes académicos y su pasión al tratar de de identificar cuáles especialidades corresponden con sus necesidades y metas. Además, tú y tu estudiante pueden contactar a los jefes de departamentos, estudiantes actuales y personas con carreras de su interés para obtener más ayuda.

¿Dónde podemos encontrar los cursos requeridos para cierta especialidad?
Por lo general, esta información está disponible bajo la página de entrada del departamento en la mayoría de los sitios Web de las universidades.

Resumen

El objetivo de seleccionar una especialidad es el de encontrar la especialidad que mejor le corresponda a tu estudiante. Esta decisión debe considerar meticulosamente los siguientes factores: intereses profesionales, requisitos de la especialidad y puntos fuertes y débiles de tu estudiante. Es importante considerar estos factores porque cada uno contribuye al éxito que tu estudiante alcanzará.

Habla con profesionales que ejercen carreras que le interesan a tu estudiante, con maestros y con otras personas que te puedan explicar diferentes especialidades. Además, asegúrate de visitar sitios Web de universidades para conseguir información específica sobre las especialidades que ofrecen y los departamentos.

Fecha límite

Es una buena idea identificar posibles especialidades antes del septiembre del último año de la escuela secundaria. Sin embargo, muchas universidades no exigen que el estudiante declare una especialidad hasta su primer o segundo año de universidad. Pero considerar especialidades de antemano te ayudará a identificar colegios y universidades a las que tu estudiante quiera solicitar admisión.

3
Selecciona universidades

Seleccionar universidades puede ser una experiencia emocionante, frustrante, abrumadora y placentera para tu estudiante. Es importante buscar escuelas que encajen bien con tu estudiante. Pero, ¿cómo puedes determinar si una universidad es compatible con tu estudiante? Depende de varios factores, desde el costo hasta la ubicación geográfica, y de cuán importante son estos factores para tu estudiante y tu familia.

Considera los siguientes factores al identificar posibles universidades.

Ubicación geográfica

Debes prestarle atención a la ubicación de las escuelas de interés para que no surjan sorpresas si tu estudiante decide asistir a la misma. Este concepto conlleva examinar la ciudad, estado, región y posiblemente el país. ¿Prefieres una escuela cerca de tu hogar? ¿Vendrá a visitarte tu estudiante a menudo? En tal caso, ¿cómo se harán los arreglos para el viaje? Si la escuela no está cerca de tu hogar, ¿se encuentran amigos o parientes cerca de la misma?

Considera la ciudad y el estado en donde la escuela está localizada. ¿Qué actividades, compañías y otros eventos se encuentran en el área? ¿Parece segura el área en la ciudad? Si tu estudiante no tiene un vehículo, ¿qué tipo de transportación pública está disponible si tu estudiante decide salir del campus? ¿Hay mal tiempo a menudo (huracanes, nieve y/o mucho calor/frío)? Si tu familia es de una gran ciudad metropolitana, ¿estaría tu estudiante más cómodo en un pueblo o vice versa?

Tipo de institución

Hay un sinnúmero de instituciones post secundarias que proveen una variedad de oportunidades académicas. La clave para identificar el tipo de institución que le beneficiaría a tu estudiante es examinar los diferentes tipos y ver cuáles corresponden con sus intereses.

Escuelas vocacionales

Las escuelas vocacionales proveen el entrenamiento necesario para empezar un oficio especializado en una variedad de áreas, desde las artes culinarias hasta carpintería. Estas escuelas también incluyen un programa de aprendizaje, donde los estudiantes o los recién graduados pasan un plazo de tiempo específico con un profesional con experiencia para asegurar que han dominado las destrezas requeridas.

Universidades comunitarias

Universidades comunitarias proveen educación y entrenamiento general en varios campos y carreras. Estudiantes de estas instituciones de dos años se gradúan con un grado asociado. Así que los que busquen una base académica adicional antes de matricularse en una universidad de cuatro años deben considerar universidades comunitarias. Estas escuelas, por lo general, ofrecen programas para que los estudiantes se puedan transferir a una institución de cuatro años en su segundo o tercer año.

Colegios de cuatro años y universidades

Instituciones de cuatro años ofrecen educación general en cada materia básica (literatura, matemática, ciencia, etc.) y unos cursos dirigidos hacia una especialidad. Estudiantes de estas instituciones se gradúan con un bachillerato.

Instituciones para las poblaciones minoritarias

Asistir a una institución para una población minoritaria puede ser un factor significativo en el proceso de seleccionar una escuela. Estas instituciones se establecieron con el propósito de servirles a estudiantes en la minoría. Entre otras, se encuentran colegios y universidades de tradición histórica negra (HBCUs), colegios y universidades de tribus (TCUs) e institutos para la población hispana (HSIs).

Programas académicos

Algunas escuelas son reconocidas por sus programas académicos en ciertas materias. Esto puede ser un factor importante si, por ejemplo, tu estudiante quiere especializarse en administración de empresas. Seleccionar escuelas que ofrecen programas en administración de empresas de renombre y acceso a muchas compañías y oportunidades en ésta área puede impactar no sólo el éxito que tu estudiante alcance pero también su posibilidad de encontrar trabajo en este campo.

También debes considerar la acreditación de la escuela y del programa académico. Escuelas o programas acreditados cumplen un estándar de calidad establecido por una agencia de evaluadores terceros. Estos evaluadores hacen una investigación completa de la universidad o el departamento, incluyendo cursos, libros de texto, asignaciones y la facultad, y determinan si la escuela o el departamento cumple con sus requisitos. Algunas veces, la escuela recibe acreditación pero el programa no.

De acuerdo al empleador o la institución universitaria, el título que tu estudiante recibirá de una escuela o un programa no acreditado no tendrá el prestigio de uno de una escuela o un programa acreditado. Puedes contactar representantes de universidades o departamentos para ver si están acreditados. También puedes encontrar información en los sitios Web de las universidades o los departamentos en específico.

Programas atléticos

Si a tu estudiante le interesa participar en deportes a nivel universitario, entonces éste debe ser un factor de importancia en tu búsqueda. Hay varios factores que debes considerar, incluyendo escuelas de División I, II o III, afiliaciones a conferencias, becas disponibles, historial del programa atlético, entrenadores, etc. Independientemente del programa, no olvides que el punto de asistir a una escuela es de graduarse. Aunque el programa atlético no sea excelente, asegúrate de que tu estudiante reciba el apoyo de entrenadores y del personal para permanecer en rumbo para graduarse.

Costo

El costo de la escuela es un factor muy importante. Matrícula y otros cargos siguen aumentando cada año para estudiantes en la mayoría de las instituciones a través del país. Tu estudiante y tú deben entender el costo antes de solicitar admisión a cualquier institución. Escuelas ofrecen ayuda económica, pero algunas más que otras. Aprende más sobre este tema en el *Capítulo 6: Ayuda económica*.

Factores adicionales

Existen otros factores que pueden influenciar tu decisión al considerar instituciones académicas. Estos incluyen cosas como legacía. Algunos estudiantes pueden solicitar a ciertas instituciones porque otros familiares asistieron o asisten a las mismas.

Aún otro factor puede ser el tamaño del cuerpo universitario. ¿Estaría tu estudiante cómodo en un campus de 20,000 estudiantes o necesitaría un ambiente más pequeño de sólo 1,000? El número de estudiantes corresponde con la proporción de estudiantes a profesores. Por ejemplo, una escuela más pequeña puede tener una proporción de 1:15, o sea, un profesor enseña una clase de quince estudiantes. Escuelas más grandes pueden tener una proporción de 1:50, por ejemplo. Este aumento en el número de estudiantes indica que el profesor tiene menos tiempo para ofrecerle a cada estudiante. ¿Cómo respondería tu estudiante a estas dos situaciones?

Lista de posibles escuelas

Los temas discutidos más arriba pueden ayudarte a ti y a tu estudiante a empezar a considerar cuáles factores son importantes en tu búsqueda de posibles escuelas. Tu estudiante puede decidir ignorar escuelas que no ofrezcan las especialidades que le interesan. Además, puede ser que elimines escuelas que estén a más de 500 millas de tu casa. También puede haber factores adicionales que fueron mencionados pero que son importantes en tu búsqueda.

Hacer una lista, usando el siguiente modelo, es el primer paso para identificar posibles escuelas a las que tu estudiante pueda asistir:

1. Haz una lista de 3-5 escuelas. Ponlas en orden de interés, con la primera siendo la que esté más interesado, etc. Puede incluir al menos 1-2 escuelas a las que de seguro tu estudiante será aceptado. Esta lista puede cambiar, pero aquí tienes un buen punto de partida. Algunas escuelas permanecerán en la lista y otras cambiaran en orden de preferencia. Anota por qué tú y tu estudiante escogieron estas escuelas (ubicación, especialidades, vida estudiantil, costo, etc.).

2. Visita el sitio Web de cada universidad en tu lista. Repasa los requisitos para futuros estudiantes. De acuerdo a la clasificación de tu estudiante (nuevo, transferido, que reingresa, etc.), repasa los requisitos de admisión y de solicitud. También, busca información sobre programas académicos, vida estudiantil, costos del año siguiente y la solicitud en línea. Si tienes preguntas o dudas, puedes encontrar la información sobre a quién contactar en cada departamento.

3. Descarga e imprime una copia de la solicitud en línea. Si se ofrece una *solitud común*, puedes usarla, especialmente si dos o más escuelas la aceptan. La solicitud común es una solicitud genérica que muchas escuelas a través del país han accedido a usar. Esta solicitud pide toda la misma información que universidades requieren en su propia solicitud. La diferencia es que se ahorra tiempo cuando el estudiante somete sólo una solicitud a varias universidades. El estudiante aún tiene que pagar la cuota de solicitud al usar la solicitud común. Para aprender más acerca de la solicitud común y cuáles universidades la aceptan, visita el siguiente sitio Web: *http://www.commonapp.org*.

4. Si puedes, visita el campus de una universidad local. Por lo general, esto le ayudará a tu estudiante a poder

visualizar su futura vida estudiantil. A algunos estudiantes le gustaría visitar escuelas en las que están interesados durante el proceso de solicitud. Sin embargo, es mejor visitar universidades en el verano antes del último año de la secundaria o en el primer semestre del mismo. Esta visita inicial será una introducción a su vida estudiantil universitaria.

Lista de escuelas

Rango	Escuela	Ciudad/Estado	Factores
1	Mi universidad	Mi ciudad, Mi estado	Cerca a casa
			Bajo costo
			Pequeña
2	Otra universidad	Cualquier ciudad, Cualquier estado	Familiares asisten a la misma

Preguntas frecuentes
¿Importa la categoría de escuela?

Hay muchas respuestas a esta pregunta y todo depende a quién le preguntas. Algunos dirían que sí y que una educación *Ivy League*, por ejemplo, será de más provecho que una educación de una universidad pública del estado. Además, algunas escuelas ofrecen programas académicos extremadamente competitivos en ciertas especialidades. No obstante, muchos gerentes de recursos humanos le prestan atención a candidatos con bachilleratos, sin importar la universidad, basándose en el siguiente criterio: promedio, experiencia y profesionalismo.

No creas que tu estudiante no tendrá las mismas oportunidades que otro estudiante que asiste a otra universidad. Al final, tu estudiante será comparado a sus compañeros a través del mundo entero. Independientemente de a dónde vaya tu estudiante, lo importante es que aproveche las oportunidades y educación disponible.

¿Y si mi estudiante se transfiere de escuelas?

Igual que cambiar de especialidad, transferirse de una universidad a otra debe ser una decisión bien informada. Además del factor costo, tu estudiante puede perder créditos. Por ejemplo, algunas instituciones públicas aceptan pocos créditos de instituciones privadas. Si estudiante está en sus últimos años de bachillerato, él/ella puede perder un semestre o más al transferirse a otra institución.

Resumen

Hay muchos factores a considerar al seleccionar escuelas. Desde ubicación geográfica hasta programas atléticos, todo puede ser un factor decisivo. Lo más importante es encontrar una escuela que sea compatible con tu estudiante. Identifica los factores que son importantes para ustedes. Entonces, identifica 3-5 escuelas que le interesen y los factores que influenciaron ambas sus elecciones.

Visita el sitio Web de cada universidad en tu lista y busca toda la información posible acerca de los requisitos académicos, departamentos, vida estudiantil, costo, etc. Si puedes, también visita el campus de una universidad local a principios del otoño del último año de la escuela secundaria de tu estudiante. Esto ayudará a proveer una idea general de cómo será la vida universitaria.

Fecha límite

La selección de escuelas es la base de toda solicitud de admisión y de ayuda económica. Este proceso puede empezar en el tercer año de la escuela secundaria de tu estudiante. Sin embargo, debe terminar antes de mediados de septiembre del último año de la secundaria, a más tardar.

4

Llena solicitudes

La solicitud de admisión es el documento más importante que tu estudiante llenará en su preparación para la universidad. A partir de este documento, la oficina de admisiones toma la decisión de aceptar o rechazar a tu estudiante a la universidad. Por eso, es extremadamente importante que la solicitud sea una de calidad y que enfoque en cuán extraordinario es tu hijo como estudiante y persona.

Tipos de admisiones

Hay varios tipos de admisiones a los que tu estudiante puede solicitar. Familiarízate con cada uno, pues tienen diferentes plazos y requisitos.

Decisión temprana

La decisión temprana es el tipo de admisión que tiene más restricciones. Los estudiantes acceden a retirar todas las solicitudes a otras universidades y asistir a esta universidad si son aceptados. Esto es un contrato vinculante y a menudo exige cuotas de $200-500. Estudiantes que solicitan a esta categoría tienen que hacerlo en o antes del 1ro de noviembre.

La decisión temprana está diseñada para estudiantes que están seguros que quieren asistir a una universidad en específico. Si tu estudiante no tiene una universidad en mente o si quiere considerar sus opciones al ser aceptado a varias universidades, entonces él/ella no debe solicitar para la decisión temprana.

Acción temprana

Esta es una opción sin obligaciones que le permite al estudiante rechazar en cualquier momento a cualquier universidad que lo haya invitado a asistir. Estudiantes pueden solicitar a otras universidades y decidir a cuál asistirán a finales de la primavera. Bajo la acción temprana, no se exige cuotas especiales hasta que el estudiante decida ir a esa universidad. Estudiantes que usan la acción temprana tienen hasta el 1ro de noviembre para solicitar, como es el caso con la decisión temprana. Sin embargo, estudiantes tienen hasta finales de la primavera (en o antes del 1ro de mayo) para responder porque no están bajo ninguna obligación.

Decisión regular

Estudiantes solicitando bajo decisión regular someten solicitudes de admisión durante los plazos estándares de universidades. La mayoría de solicitudes caen bajo este tipo de admisión. No hay obligaciones en el evento en que la universidad acepte al estudiante. Estudiantes solicitando para el semestre del otoño pueden solicitar desde septiembre hasta enero. Son aceptados continuamente, admitidos en el orden que llegan sus solicitudes, mientras haya espacio. Estudiantes aceptados tienen hasta finales de la primavera (en o alrededor del 1ro de mayo) para responder con su decisión.

Las secciones de las solicitudes

En esta sección, te presentamos las secciones básicas de cada paquete de solicitudes. TODAS las secciones deben ser completadas y sometidas juntas o por separado, si lo es permitido, para completar la solicitud. Casi todas las universidades permiten que se someta la solicitud por correo o en línea, aunque algunas sólo la aceptan en línea.

La ventaja de someter la solicitud en línea es que toda la información se puede guardar, incluyendo solicitudes incompletas, y no existen requisitos para enviarla por correo. Además, algunas escuelas ofrecen descuentos o eximen la cuota de solicitud si se llena en línea. Independientemente del tipo de solicitud, tu estudiante debe hacer un borrador de la solicitud a mano. Entonces, el estudiante puede transferirlo al formulario en papel o en línea que será sometido a la universidad.

Información general

Esta sección de la solicitud incluye información básica, tal como el nombre, dirección, nombre del padre/guardián, etc. También se exigen los cursos del último año de la escuela secundaria y otra información académica, incluyendo el promedio, cursos de nivel avanzado y las calificaciones en los mismos y los resultados del SAT/ACT. Si tu estudiante ya tomó el SAT/ACT y no pidió que sus puntuaciones se enviaran a la universidad, entonces debes contactar al administrador del examen, lo cual se discute en el *Capítulo 5: Exámenes de admisión*. Por general, la solicitud incluye el código de la universidad para reportar los resultados.

Además de información académica, se debe incluir cualquier actividad extracurricular, honor y otro premio. Por esto es muy importante que el currículo profesional se complete antes de empezar a llenar cualquier solicitud. Así se le hará fácil a tu estudiante transferir información del currículo a la solicitud y también se asegurará de que toda la información esté incluida.

Ensayos/declaración personal
La sección de los ensayos y declaraciones personales contiene uno o más temas sobre los que el estudiante debe escribir. Estos ensayos suelen ser de 200-600 palabras de largo. Esta sección es donde tu estudiante debe demostrar sus talentos, puntos fuertes, individualidad y razones por las cuales la universidad ganaría en admitirlo/a.

Se debe invertir mucho tiempo y esfuerzo en esta sección. Aunque sea corta, no significa que se debe llenar enseguida. Cuando el panel de admisión repase la solicitud, buscará características que distinguen a tu estudiante de los miles que solicitaron.

Muchas solicitudes tienen una o más preguntas de ensayo en común o permiten que el estudiante redacte un ensayo en el tema de su elección. Es una buena idea tener uno o dos ensayos genéricos ya escritos. Usando estos modelos, cualquier ensayo puede ser modificado para responder a preguntas específicas en cualquier solicitud. No olvides que si tu estudiante está solicitando a múltiples escuelas, entonces tendrá que escribir múltiples ensayos. Al eliminar esta repetición, tu estudiante ahorrará tiempo y se asegurará de que está sometiendo el mejor ensayo para cada solicitud de admisión.

En general, es una buena idea que tu estudiante considere las siguientes preguntas y que trate de incluir respuestas en su ensayo. No olvides que esta es la oportunidad de decirle al panel de admisiones lo que distingue al estudiante de los otros candidatos a admisión.

Las siguientes preguntas son ejemplos que tu estudiante puede usar para redactar ensayos genéricos:

- ¿Han habido eventos (de salud, financieros, emocionales, etc.) que han creado adversidad en tu vida? ¿Cómo los enfrentaste y cómo te han ayudado a permanecer motivado/a a triunfar?
- ¿Qué talentos o características especiales posees?
- ¿Hay alguien que te ha servido de inspiración? ¿Por qué?
- ¿Eres el primero en tu familia en ir a la universidad? Si este es el caso, ¿cómo te ha servido de inspiración?
- ¿En dónde te visualizas en diez años? ¿Cómo te ayudará tu experiencia como estudiante en esta universidad a alcanzar esta meta?

El estudiante decidirá cómo contestar estas preguntas. Algunos responden con humor, mientras que otros adoptan un enfoque más serio. Por ejemplo, un enfoque serio consistiría en discutir cómo su crianza de huérfano le ha enseñado al estudiante a perseverar en tiempos difíciles. Una manera más ligera y graciosa sería la de explicar cómo el estudiante ha usado su talento único de hacer malabarismos para viajar alrededor del mundo.

La clave es recordar que tu estudiante debe someter un ensayo que de veras promueva sus talentos y puntos fuertes. Por esta razón, se debe seleccionar el tema del ensayo cuidadosamente y planearlo bien. Independientemente de la elección, aquí es dónde tu estudiante debe dirigirse hacia el panel de admisiones. No puede dejar pasar esta oportunidad.

Preguntas cortas

Muchas solicitudes ahora incluyen varias preguntas cortas además de los ensayos o declaraciones personales. Estas, por lo general, son preguntas u oraciones que los estudiantes deben completar. Las respuestas suelen ser de 15-25 palabras de largo.

Información del asesor académico/recomendación

El asesor académico de la escuela secundaria de tu estudiante debe llenar esta sección. Por lo general, hay una corta sección que el estudiante debe llenar primero antes de someterla al asesor académico. La siguiente es la información que se le pide al asesor acerca del estudiante:

- *Rango en la clase*
- *Promedio*
- *Evaluación de destrezas y realización académica, comparado a sus compañeros de clase*

El asesor académico debe conocer a tu estudiante personalmente. Mientras más íntimamente lo conozca, mejor puede atestiguar a los puntos fuertes y el potencial de tu estudiante. Además, el asesor puede explicar cualquier reto que el estudiante haya superado.

El asesor académico, por lo general, somete su declaración y la transcripción de créditos oficial de la escuela secundaria aparte del paquete de la solitud. Así que asegura que tu estudiante le dé el formulario al asesor con mucho tiempo de anticipación a la fecha límite. No olvides que tu estudiante no es el único solicitando esta información.

Recomendación del profesor

Se le exigirá a tu estudiante someter por lo menos una recomendación del profesor que escoja. Sin embargo, como en el caso de los ensayos y declaraciones personales, aquí es donde alguien puede atestiguar a la aptitud, puntos fuertes y compatibilidad con la universidad de tu estudiante.

Esto significa que el profesor al que tu estudiante le pida una recomendación debe ser alguien que lo/a ponga en alto ante el panel de admisiones. Las siguientes son sugerencias para seleccionar al profesor que le escribirá una recomendación ganadora:

- *Intenta encontrar un profesor de una clase en la cual tu estudiante se haya destacado. Si la clase corresponde con la especialidad en mente, entonces sería una buena forma de demostrar su aptitud académica. Profesores de inglés, matemática y otras materias básicas son buenos candidatos para recomendaciones.*

- *Identifica un profesor que conozca bien a tu estudiante. Las recomendaciones no sólo demuestran su aptitud académica sino también indican empeño, enfoque y otra información pertinente que distingue a tu estudiante de sus compañeros de clase.*

- *Evita preguntarle a profesores con los que tu estudiante haya tenido problemas. Obviamente, la meta es una recomendación ganadora.*

- *Pregúntale a los profesores con mucho tiempo de anticipación si le escribirán una recomendación. No supongas que lo hará.*

- *Provéele al profesor una copia del currículo profesional. Esto le ayudará a incorporar los logros con actividades y honores que tal vez no conocía de tu estudiante.*

Como en el caso de las recomendaciones de asesores académicos, asegúrate de que el profesor no sólo complete su recomendación sino que también lo haga con mucho tiempo de anticipación para someterla a la universidad. Provéele al profesor un sobre con la dirección de la universidad y sello si él la enviará directamente a la universidad. Si la recomendación se someterá junto con el paquete de solicitud del estudiante, entonces provéele al profesor un sobre en blanco. El profesor entonces debe cerrarlo y firmar la parte de atrás para garantizar su integridad.

Formularios adicionales
Puede haber formularios adicionales para incluir en el paquete de la solitud. Pueden ser formularios de residencia, para reclamar matrícula dentro del estado (aplica sólo para instituciones públicas), formularios de consentimiento para usar las transcripciones de créditos y formularios de autorización de tarjetas de crédito para pagar las cuotas de la solicitud.

Transcripción de créditos oficial
Se requerirá una copia de la transcripción de créditos más reciente de tu estudiante. El asesor académico, por lo general, la envía con los formularios que debe llenar, pero confírmalo con el asesor de antemano. Ten en cuenta que algunas universidades requieren que las calificaciones del último año de la escuela secundaria se envíen a través del año escolar.

Cuota de la solicitud
Esta cuota no reembolsable es para procesar la solicitud. La cuota, por lo general, es de $25-100. Muchas universidades ofrecen descuentos o eximen el pago si la solicitud se somete en línea. Verifica si este es el caso con las universidades a las que tu estudiante esté solicitando admisión. Tu estudiante también puede ser eximido del pago de acuerdo al ingreso de tu familia. Para aprender más sobre la cuota, contacta al asesor académico de la escuela secundaria de tu estudiante.

Entrevista
Muchas universidades no requieren una entrevista. Sólo unas pocas requieren que estudiantes participen en una entrevista como un criterio de selección adicional. Las entrevistas pueden ser formales, encabezadas por un decano u oficial de admisiones, o pueden ser informales, encabezadas por un ex alumno o estudiante de la universidad. En cualquier caso, el propósito de la entrevista es de aprender más acerca de tu estudiante, su deseo por asistir a la universidad y su potencial al ser admitido.

Las entrevistas son parte del paquete de solicitud. Es importante que tu estudiante complete este proceso antes de la fecha límite para someter la solicitud. Sería aún mejor si se completa la entrevista antes de noviembre o diciembre, antes de de terminar el plazo. Para ver si cierta universidad requiere la entrevista, consulta la solicitud, el sitio Web o a un representante de admisiones.

Preguntas frecuentes

¿Qué es la solicitud común? ¿Puede usarla mi estudiante?
La solicitud común es una sola solicitud que un número de escuelas aceptan. La solicitud común reduce el número de solicitudes que un estudiante debe someter. Cientos de escuelas han accedido a usar la solicitud común además de su solicitud estándar. Si tu estudiante solicita a dos o más universidades que aceptan la solicitud común, entonces debe usarla. Puede encontrar la solicitud e información sobre la misma en *http://commonapp.org.*

¿Y si mi estudiante quiere pedirle una recomendación a más de un profesor?
Si la escuela sólo acepta una recomendación, entonces usa la de un profesor para una universidad y la de otro profesor para otra diferente. Es más fácil pedirle a sólo un profesor que someta todas las recomendaciones, pues puede modificar su recomendación a cada solicitud.

Resumen

Como la solicitud es un gran factor en el proceso de admisión, invierte suficiente tiempo para prepararla. Considérala la carpeta completa de tu estudiante a la universidad. La solicitud contiene toda la información, los intereses, los logros, el rendimiento y las destrezas de tu estudiante como candidato a asistir a la universidad. Para empezar a repasar requisitos, puedes obtener una copia de las solicitudes en línea o por correo el verano anterior al último año de la secundaria de tu estudiante. Familiarízate con las fechas límites y asegúrate de asignar bastante tiempo para completar cada solicitud.

Fecha límite

De acuerdo al tipo de admisión a la que tu estudiante solicite, el plazo puede terminar desde principios de noviembre hasta finales enero. Sería de provecho empezar las solicitudes en septiembre, dándole a tu estudiante dos semanas para llenar la información general, un mes para redactar los ensayos y las preguntas cortas y dos a tres semanas para que los profesores escriban sus recomendaciones. Bajo decisión regular, tu estudiante debe proponerse empezar a someter solicitudes a principios de diciembre. No olvides que universidades admiten a estudiantes de acuerdo al orden que reciben las solicitudes. Esto puede animar a tu estudiante a someter toda la información antes de las vacaciones de diciembre.

5

Exámenes de admisión

Exámenes de admisión son requeridos y, a menudo, son la parte más temida del proceso de admisión universitaria. Si tu estudiante tiene en mente asistir a una universidad de cuatro años, entonces tendrá que tomar los exámenes. Casi todas las escuelas aceptan el SAT o ACT. Aunque unas pocas no exigen exámenes de admisión, la mayoría los aceptan.

Los resultados de los exámenes de admisión son un factor que universidades consideran al admitir a estudiantes. Junto con el promedio de la escuela secundaria, recomendaciones, declaraciones personales y actividades extracurriculares, los resultados de los exámenes de admisión son una parte del paquete de solicitud que las oficinas de admisiones repasan. Estos exámenes están diseñados para examinar cómo estudiantes resuelven problemas con tiempo limitado y cuán preparados están para estudios a nivel universitario. Esto es lo que el paquete de solicitud de todo candidato tiene en común. La puntuación que tu estudiante reciba en cualquier examen de admisión puede ser comparada a la puntuación de otros estudiantes por todo el país porque cada estudiante toma el mismo examen, con las mismas restricciones de tiempo y las mismas condiciones.

Los resultados de los exámenes de admisión son de importancia no sólo para admisiones universitarias sino también para muchas oportunidades de becas, pues son parte del criterio de participación. Esto se refiere a universidades y becas privadas. En este capítulo, exploramos ambos exámenes, la puntuación, la inscripción y cómo estudiar para cada uno.

Examen de aptitud escolar (SAT)

Reconocido como el examen de aptitud (o de evaluación) escolar, el examen de razonamiento SAT consiste de tres secciones: matemáticas, lectura crítica y escritura. Cada sección ofrece puntuación en una escala de 200 a 800. La puntuación compuesta es el total de las puntuaciones de cada sección y se mide en una escala de 600 a 2400. La sección de escritura fue añadida en el 2005. Aunque se exige que los estudiantes tomen las tres secciones, algunas escuelas no le prestan atención a la sección de escritura al revisar las puntuaciones mínimas del SAT de los candidatos. Debes comprender cómo cada escuela a la que tu estudiante haya solicitado evalúa esta sección. Puedes encontrar esta información en el sitio Web de admisiones o al contactar un representante de admisiones.

Aunque la sección de escritura no sea considerada, TODAVÍA es importante que tu estudiante salga bien en las tres secciones. No te olvides de que hay muchas becas para estudiantes con altas puntuaciones.

El SAT está administrado en papel y dura 3 horas y 45 minutos. Se les da a los estudiantes cierta cantidad de tiempo para completar cada sección. Los estudiantes no pueden volver a una sección previa o avanzar a una pendiente mientras trabajan en la sección asignada.

Exámenes por materia

Los exámenes por materia, o exámenes de aprovechamiento o SAT 2, son exámenes especiales que le permiten al estudiante demostrar cierto nivel de dominio sobre materias específicas. Estos exámenes están disponibles en temas tales como historia de los Estados Unidos, matemática, química, biología, física e idiomas extranjeros.

Estos exámenes por materia son diferentes a los exámenes de colocación avanzada (AP), que se toman tras completar cursos de AP como parte del currículo de la escuela secundaria de tu estudiante. Los exámenes por materia no exigen que se completen estos cursos. Algunos programas universitarios requieren estos exámenes para admitir al estudiante o colocarlo en ciertos cursos. Consulta a la oficina o el sitio Web de admisiones para determinar si se requieren exámenes por materia.

Inscripción al SAT
El SAT se administra 7 veces durante el año: octubre, noviembre, diciembre, enero, marzo/abril, mayo y junio. La fecha límite de inscripción es un mes antes de la fecha del examen. Estudiantes pueden inscribirse en línea visitando *http://www.collegeboard.com* o por correo. Al inscribirse, los estudiantes escogen la fecha, ubicación y materia (para el examen por materia) del examen y hasta cuatro escuelas/organizaciones para reportarle los resultados gratis. Las puntuaciones se le pueden enviar a escuelas adicionales por una cuota. Inscripción tardía y *standby* también está disponible.

Los resultados se anuncian en línea o por correo aproximadamente de 3 a 6 semanas, respectivamente, tras la fecha el examen. Si tu estudiante planea participar en deportes de la NCAA de División I/II, entonces debe someter sus resultados al NCAA Clearinghouse.

Cuotas de inscripción
Además de las cuotas básicas de inscripción para el SAT y los exámenes por materia, se exige cuotas adicionales para lo siguiente:

- *Inscripción por teléfono*
- *Cambios de inscripción (materia, ubicación, fecha, etc.)*
- *Inscripción tardía*
- *Inscripción* standby
- *Reportes de puntuaciones adicionales*
- *Reportes de puntuaciones acelerados*

Individuos que cumplen con el criterio de participación pueden ser exentos de las cuotas para el SAT. Para determinar la elegibilidad de tu estudiante, debes consultar a un asesor académico de la escuela secundaria. Si tu estudiante solicita ser exento de las cuotas, entonces también debe hacerlo para las cuotas de admisión universitaria.

Para aprender más sobre la inscripción y las cuotas, visita *http://www.collegeboard.com.*

Examen para universidades estadounidenses (ACT)

El ACT es el segundo examen de admisión aceptado por colegios y universidades. Este examen compite con el SAT. El ACT consiste de cinco secciones: inglés, matemáticas, lectura, ciencia y escritura. La sección de escritura fue introducida en el 2005, consiguiente a la inclusión del mismo componente en el SAT. Las secciones de inglés, matemática, lectura y ciencia ofrecen una puntuación de 1 a 36. La puntuación compuesta es el promedio de las puntuaciones de las cuatro secciones, redondeado al número entero más cercano.

Sub puntuaciones del 1 al 18 son calculadas para inglés, matemática y lectura. Las sub puntuaciones dentro de una sección no se utilizan para calcular la puntuación total. Estas sub puntuaciones sólo están diseñadas para proveer información adicional sobre los puntos fuertes y débiles del estudiante en cierta materia.

El ACT es administrado en papel y dura 2 horas y 55 minutos. La sección de escritura toma 30 minutos adicionales. Como el SAT, a los estudiantes se les da cierta cantidad de tiempo para trabajar en una sección asignada. Se les prohíbe trabajar en otras secciones durante este tiempo.

Inscripción al ACT

El SAT se administra 6 veces durante el año: septiembre, octubre, diciembre, febrero, abril y junio. La fecha límite de inscripción es un mes antes de la fecha del examen. Estudiantes se pueden inscribir visitando *http://www.actstudent.org* o por correo. Al inscribirse, estudiantes escogen la fecha del examen, ubicación, la opción del examen de escritura y las escuelas a las que quieren reportar su puntuación.

Los resultados se anuncian en línea o por correo aproximadamente de 3 a 6 semanas, respectivamente, tras la fecha el examen. Estudiantes tienen la opción de enviarle sus resultados a cuatro escuelas o programas de becas gratis. Como en el caso del SAT, si tu estudiante planea participar en deportes de la NCAA de División I/II, debe someter sus resultados al NCAA Clearinghouse.

Cuotas de inscripción

Además de las cuotas básicas de inscripción, se exige cuotas adicionales para lo siguiente:

- *Inscripción por teléfono*
- *Cambios de inscripción (materia, ubicación, fecha, etc.)*
- *Inscripción tardía*
- *Inscripción* standby
- *Reportes de puntuaciones adicionales*
- *Reportes de puntuaciones acelerados*

Individuos que cumplen con el criterio de participación pueden ser exentos de las cuotas para el ACT. Para determinar la elegibilidad de tu estudiante, debes consultar con un asesor académico de la escuela secundaria.

Para aprender más sobre la inscripción y las cuotas, visita *http://www.actstudent.org*.

SAT vs. ACT

Muchos padres no saben cuál examen su estudiante debe tomar. Aunque las universidades aceptan ambos exámenes, existen unas diferencias importantes entre los dos. Los siguientes factores te pueden ayudar a decidir en cuál examen tu estudiante saldrá mejor.

Primero, el ACT está basado en contenido. Este examen cubre más del currículo básico de la escuela secundaria (inglés, matemática, ciencia y escritura) que el SAT. Por otro lado, el SAT está basado en aptitud. Este examen se enfoca más en destrezas de razonamiento deductivo y crítico que el ACT.

Segundo, el ACT no penaliza al estudiante por no contestar preguntas o por contestar incorrectamente. Como el ACT, el

SAT no penaliza por no contestar preguntas, pero penaliza por contestaciones incorrectas.

Por último, existen otras diferencias. Por ejemplo, el ACT consiste de preguntas con múltiples opciones, tiene más preguntas que el SAT e incluye trigonometría. No tienes que darle tanta importancia a estas diferencias como a las mencionadas anteriormente. Sin embargo, es importante entender a cuáles factores debes darle prioridad para determinar cuál examen tu estudiante debe tomar. Por otro lado, muchos estudiantes toman ambos exámenes. Consulta con el asesor académico de tu estudiante para aprender más acerca de cada examen.

Preparación para el SAT/ACT

Independientemente de cuál examen tu estudiante tome, el SAT o ACT, debes tener un plan de preparación e implementarlo para asegurarte de que tu estudiante trabajará a su mayor potencial. Hay muchas maneras para prepararse para estos exámenes. Esta preparación te puede salir gratis o llegar a costar miles de dólares. Algunos de los métodos comunes de preparación se discuten más abajo.

Libros

Hay ciertas compañías, como Kaplan, CollegeBoard y Princeton Review, que ofrecen libros de preparación para los exámenes. Estos libros proveen estrategias, material para estudiar, las materias cubiertas en cada sección, preguntas de práctica y sus explicaciones y exámenes de práctica.

Software

Las compañías que publican libros de preparación también ofrecen *software*. La ventaja del *software* es que se puede descargar y acceder en cualquier momento.

Tal como los libros, *software* de preparación provee estrategias, preguntas de práctica, exámenes y explicaciones. Sin embargo, *software* es más interactivo y va al paso de tu estudiante para que pueda repasar cualquier sección a su conveniencia.

Cursos/Talleres

Cursos y talleres de preparación están disponibles de un número de fuentes, como algunas escuelas y organizaciones, incluyendo las de sin fines de lucro, iglesias, etc. Estas son las vías más económicas pero no son muy personalizadas pues muchos estudiantes se inscriben en estos.

Además, existen cursos privados en sesiones individuales o en grupos pequeños. Estos cursos están disponibles de compañías que se especializan en la preparación para exámenes estandarizados, tales como Kaplan, Princeton Review y otras compañías de tutoría. Por lo general, los cursos duran de 3 a 12 semanas.

Algunas compañías también ofrecen cursos en línea. Estudiantes pueden acceder el Internet para entrar a su cuenta y tomar cursos a su paso en cualquier momento. Además, estudiantes pueden pagar por un número de horas de tutoría en vivo con un profesional de estas compañías.

Como libros y *software*, estos cursos cubren estrategias, preguntas de práctica y más. Sin embargo, los cursos ofrecen la atención personal de un profesor. Si tu estudiante aprende más en este tipo de ambiente o con entrenamiento personal, entonces los cursos pueden ser de beneficio.

Material gratis

Puedes buscar material de estudio gratis para el SAT/ACT en los sitios Web del CollegeBoard y ACT, el Internet, tu biblioteca y tu escuela. Ten en cuenta que este material no será tan detallado como el que obtendrás al pagar por el mismo. Sin embargo, proveerá las estrategias y el material en los libros, *software* y cursos. No obstante, tendrás que hacer una búsqueda exhaustiva para encontrar este material.

Preguntas frecuentes

¿Hay alguna otra diferencia entre el SAT y ACT?

El ACT ofrece información detallada sobre posibles especialidades y carreras basadas en el perfil que tu estudiante complete al contestar un cuestionario de inventario de intereses que identifica las posibles carreras de acuerdo a los intereses del estudiante.

Esta información también compara las puntuaciones de tu estudiante a las de los otros estudiantes que solicitaron a las cuatro universidades a las que tu estudiante reportó sus puntuaciones. Además, este perfil provee una idea general de las calificaciones que tu estudiante obtendrá en cursos de primer año de bachillerato basadas en sus puntuaciones.

¿Cuál examen debe tomar mi estudiante?
Esto depende del estudiante. El asesor académico de la escuela secundaria de tu estudiante te puede ayudar a determinar en cuál examen puede sobresalir. Muchos estudiantes que no salen bien en el SAT obtienen puntuaciones más altas en el ACT y vice versa. No hay límite al número de veces que tu estudiante puede tomar cualquier examen. Sin embargo, dependiendo de cuándo se sometió la solicitud, puede haber sólo ciertas fechas en las que puede tomar los exámenes.

¿Qué se considera una buena puntuación en el SAT/ACT?
Esto depende de la universidad. Por ejemplo, universidades en el *Ivy League* exigen puntuaciones más altas. La puntuación promedio en el SAT es de 500 en cada sección, haciendo el total promedio de 1500. La puntuación compuesta promedio en el ACT es 20. Cualquier oficina o sitio Web de admisiones tiene las puntuaciones en general de la clase admitida a la universidad el año anterior.

¿Y si mi estudiante no sale bien en ningún examen?
Aunque los resultados de los exámenes de admisión son importantes, sólo son una parte del proceso de admisión. Si tu estudiante no obtiene buenos resultados, entonces debe asegurarse de que su solicitud sea aún más competitiva para compensar por esto.

Resumen
Los exámenes de admisión son una parte del proceso de admisión. Estudiantes pueden escoger entre el SAT y el ACT. Cada examen tiene su ventaja y desventaja. Para determinar cuál

examen tu estudiante debe tomar, consulta a su asesor académico de su escuela secundaria. Tu estudiante también tiene la opción de tomar ambos exámenes.

Fecha límite

La fecha, a más tardar, en la que tu estudiante puede tomar el SAT/ACT depende de cuándo solicitó a las universidades. Por lo general, se recomienda tomar exámenes de admisión por lo menos dos veces: a principios del último año de la secundaria y en diciembre, si es posible. Así podrá entender el examen, fortalecer cualquier punto débil y considerar tomar el otro examen.

6

Ayuda económica

Puede ser abrumador tratar de entender la parte de ayuda económica en el proceso de admisión universitaria. Sin embargo, es uno de los pasos más importantes y exige consideración meticulosa al completarlo. Tienes que considerar muchas cosas, tales como la Solicitud Gratuita para Ayudas Federales al Estudiante (FAFSA), la matrícula dentro y fuera del estado y becas, entre otras. Este capítulo discute todos los costos a considerar para financiar la educación de tu estudiante, los tipos de ayuda económica y cómo y cuándo debes empezar a buscarla.

Costo de la educación

Al considerar financiar la educación de tu estudiante, es importante considerar todos los costos universitarios. En el *Capítulo 3-Seleccionar escuelas*, identificamos el costo como un factor significante a considerar al investigar posibles colegios y universidades. La cantidad de ayuda económica será usada para determinar los gastos académicos de tu estudiante.

Costo de un año académico

Hay varios costos incluidos en el año académico de la educación de tu estudiante. Más abajo, explicamos los costos que las universidades cobran por año académico.

Matrícula

La matrícula es el costo de instrucción. Dependiendo de la universidad, la matrícula puede ser de $1,000 a $70,000 o más. También varía por el tipo de institución que tu estudiante escoja. Existen dos tipos principales de instituciones:

- *Instituciones públicas-* *escuelas que reciben fondos públicos (p. ej., de impuestos), tales como universidades del estado y comunitarias. Estas instituciones son administradas por el estado o el gobierno local.*

- *Instituciones privadas-* *escuelas financiadas privadamente.*

Instituciones públicas tienen costos de matrículas basadas en si el estudiante es un residente. Estos costos se clasifican de las siguientes maneras:

- *Matrícula de residente*- *costo de matrícula rebajado para residentes del estado.*

- *Matrícula de no residente*- *costo de matrícula elevado para los residentes de otros estados.*

Residentes del estado reciben descuentos en la matrícula porque ellos (o sus padres si son dependientes) han contribuido a los fondos de estas universidades a través de impuestos estatales sobre ingresos. Para calificar para la matrícula de residente, tienes que cumplir con un número de estrictas reglas que exigen, entre otras cosas, que tu estudiante resida en el estado por lo menos los 12 meses anteriores a la fecha de matrícula y que demuestre prueba de sus planes de permanecer residente por un tiempo considerable. La prueba de residencia, por lo general, requiere documentos como declaraciones de impuestos, evidencia de propiedad de vivienda, licencia de conducir, etc.

En algunas universidades, la diferencia en el costo de matrícula entre residentes y no residentes es considerable. Considera esto al detallar los gastos académicos. La matrícula en una institución privada no cambiará de acuerdo a la residencia permanente de tu estudiante.

Alojamiento
Este es el costo cuando tu estudiante se hospeda y come dentro del campus. Este gasto puede variar dependiendo de la universidad. Alojamiento cubre el dormitorio y un plan de comida para tu estudiante. Ten en cuenta que muchas universidades ofrecen una variedad de opciones de alojamiento y planes de comida, algunas más caras que otras. Si tu estudiante no se hospeda dentro del campus, entonces no tienes que pagar la cuota de alojamiento a la universidad. Sin embargo, el costo de vivir afuera del campus puede ser más alto que el de vivir dentro de la misma.

Cuotas adicionales

Existen cuotas adicionales que cubren una variedad de cosas, incluyendo pero no limitado a las siguientes:

- <u>Laboratorio</u> – *cubre el mantenimiento y uso de cualquier laboratorio para clases.*
- <u>Actividades</u> – *cubre cualquier evento universitario dentro del campus a los que los estudiantes pueden asistir gratis, incluyendo eventos deportivos, para ex alumnos, de conferencias con invitados especiales, etc.*
- <u>Anuario</u> – *cubre los gastos del anuario de la universidad.*
- <u>Inscripción</u> – *cubre los costos de inscripción a clases, validación, etc.*
- <u>Salud</u> – *cubre el uso del centro de salud de la universidad para cualquier servicio médico.*

Libros

Aunque los libros no son parte de los cargos universitarios, el costo se debe considerar al estimar los gastos del año académico. El costo de libros varía de $10 a $200 o más. De acuerdo al número de cursos tu estudiante tome cada semestre, los libros para los mismos te pueden salir caro. No obstante, puedes comprar o tomar prestados libros usados que, por lo general, son más económicos.

Tipos de ayuda económica

Ayuda económica consiste de cualquier tipo de ayuda financiera para pagar por los gastos asociados con la educación universitaria de tu estudiante. Esta ayuda consiste de cuatro categorías básicas:

- *Becas*
- *Subvenciones*
- *Trabajo y estudio*
- *Préstamos*

Becas

Becas son un tipo de ayuda económica que no tienes que pagar. Consisten de dos categorías:

- *Becas por necesidad* – otorgadas a estudiantes que demuestran una necesidad financiera para cubrir los gastos universitarios.

- *Becas por mérito* – otorgadas a estudiantes que demuestran logros académicos, atléticos o en cualquier otra área aceptada por la organización que ofrece la beca.

Ten en cuenta que ni las becas por mérito ni por necesidad tienen que ser pagadas mientras el estudiante siga cumpliendo con los criterios de participación. Las becas por necesidad se les otorgan a individuos que han demostrado una necesidad financiera determinada por la *Solicitud Gratuita para Ayudas Federales al Estudiante (FAFSA)*, la cual explicaremos más adelante en este capítulo. Estudiantes que no demuestran necesidad financiera sólo pueden recibir becas por mérito.

Becas pueden venir de diferentes fuentes, incluyendo las siguientes:

- *Gobierno local, estatal y federal*
- *Organizaciones privadas*
- *Universidades*

Las becas pueden otorgar un premio en efectivo dispensado una vez o cubrir los costos de matrícula, alojamiento y cuotas académicas por cuatro años. La mayoría de las becas exigen que tu estudiante someta una solicitud similar a la de admisión universitaria. La solicitud puede consistir de información general, premios y logros y una sección de ensayos (recuerda cuán importantes son el currículo profesional y el ensayo genérico en el *Capítulo 1-Primero lo primero* y el *Capítulo-4 Completa la solicitud*). Algunas veces, encontrarás una sección "opcional" que puede consistir de un ensayo, una declaración personal, etc. El estudiante SIEMPRE debe completar esta sección opcional. A menudo, estudiantes ignoran la misma. Sin embargo, el comité que repasa estas solicitudes ven más iniciativa en los estudiantes que completan esta sección.

Puedes encontrar becas por mérito y por necesidad en los sitios Web de organizaciones, del gobierno y de universidades. Universidades automáticamente otorgan algunas de sus becas a estudiantes que cumplen con el criterio de participación. Por eso, el estudiante debe someter las solicitudes de admisión lo antes posible, de acuerdo al tipo de admisión (acción temprana, decisión temprana y regular) que escoja.

En el *Capítulo 3-Selecciona escuelas*, mencionamos que la mayoría de las universidades ofrecen admisiones continuas, o de acuerdo al orden en que reciban las solicitudes, mientras haya espacio. Esto significa que la universidad también otorga becas de manera continua a los estudiantes aceptados que cumplen con el criterio de participación. Mientras más tiempo tarde tu estudiante en someter su solicitud, más tardará en ser aceptado y menos será la posibilidad de que recibirá una beca de la universidad.

Requisitos de becas
De acuerdo al tipo de beca que reciba, tu estudiante debe cumplir con ciertos requisitos para mantenerla. Mientras que algunas becas no tienen ningún requisito, muchas becas por mérito y necesidad le exigen al estudiante que mantenga cierto promedio, número de créditos por semestre, etc. Becas atléticas, por ejemplo, a menudo tienen un requisito académico y atlético. Para aprender sobre los requisitos de cualquier beca que tu estudiante reciba o que le interese, contacta a los representantes adecuados o repasa detenidamente la solicitud de las mismas.

Subvenciones
Subvenciones también son becas que no se tienen que pagar. Varias fuentes, incluyendo el gobierno, organizaciones privadas y universidades, otorgan estos regalos monetarios de acuerdo a necesidad financiera. Se les dan a estudiantes universitarios de acuerdo a ciertas circunstancias, incluyendo edad, etnicidad, especialidad, universidad, discapacidad, etc. Tu estudiante puede

calificar automáticamente para ciertas subvenciones tras completar la FAFSA. Por ejemplo, tu gobierno estatal puede otorgar subvenciones a estudiantes asistiendo a colegios y universidades dentro o fuera del estado.

Más abajo discutimos algunas de las subvenciones más comunes.

Beca Federal Pell
La beca Pell es una beca federal patrocinada por el Departamento de Educación de EE. UU. Las becas Pell se les otorgan a estudiantes de bachillerato que demuestran cierto nivel de necesidad financiera. Elegibilidad está basada en el aporte familiar previsto (EFC) determinado por la FAFSA. Este valor es una combinación de muchos factores que discutiremos en la sección de la FAFSA. El monto del premio varía, dependiendo en la necesidad. Si tu estudiante cumple con los requisitos de participación de la beca Pell, aparecerá en el informe de ayuda estudiantil (SAR), el cual discutiremos en la sección de la FAFSA. El plazo máximo de la beca Pell es de 18 semestres.

Beca Federal Complementaria para la Oportunidad Educativa
Esta beca se les otorga a estudiantes que han demostrado una necesidad financiera excepcional. Como la beca Pell, es patrocinada por el Departamento de Educación de EE. UU. Sin embargo, también es financiada parcialmente por la universidad y el gobierno federal. Además, el monto del premio varía, de acuerdo a la necesidad determinada por el EFC en la FAFSA. Los becarios Pell también se consideran para esta beca.

Beca para el Fomento de Competitividad Académica
Esta beca se le otorga a estudiantes que no sólo demuestran necesidad financiera sino que también han alcanzado excelencia académica. Estudiantes elegibles también deben ser becarios Pell, haber completado un programa de secundaria riguroso, ser ciudadanos de EE. UU. y estar matriculados a tiempo completo en una institución de dos o cuatro años y conducente a un título. Esta beca sólo se otorga en los primeros dos años de educación universitaria.

Beca Nacional para el Fomento de la Retención de Estudiantes de Matemáticas y Ciencias (SMART)

Becas SMART se les otorgan a estudiantes de tercer o cuarto año de bachillerato que son becarios Pell y que se especializan en las ciencias, matemáticas, tecnología o idiomas extranjeros. Los estudiantes deben tener un promedio general mínimo de 3.0 para calificar.

Beca de Estudios Superiores para el Fomento de la Docencia (TEACH)

Becas TEACH son otorgadas a estudiantes que planean ser maestros en escuelas de nivel primario o secundario que sirven a familias de escasos recursos. Estas escuelas pueden ser públicas o privadas, pero siempre deben ser designadas como escuelas que sirven a familias de bajos ingresos. Una lista de escuelas en cada estado con esta designación está disponible en el sitio Web del Departamento de Educación de EE. UU. bajo "Directorio anual de escuelas clasificadas como de bajos ingresos para efectos de la condonación de préstamos educativos a docentes".

Para poder recibir esta beca, el estudiante debe tener un porcentaje superior al percentil de 75 en un examen de admisión universitaria o mantener un promedio general de 3.25 al asistir al colegio o universidad. Además, el estudiante debe trabajar por lo menos cuatro años académicos en una de las escuelas designadas en un plazo no mayor de ocho años a partir de terminar sus estudios universitarios.

Becas gubernamentales

Hay un número de becas disponibles a nivel local, estatal y federal que no hemos discutido. Para encontrar más información, navega el Internet, incluyendo *http://www.fastweb.com*, *http://www.studentaid.ed.gov* y los sitios Web de universidades. Algunas becas aparecen automáticamente en el informe de ayuda estudiantil (SAR), que se discutirá en más detalle en la sección de la FAFSA.

Programas de trabajo y estudio

Estos programas están diseñados para proveer compensación financiera a estudiantes que trabajan para la universidad. El estudiante no puede trabajar más de 20 horas a la semana. Existen una gran variedad de estos empleos a través del campus. El informe de ayuda estudiantil (SAR) determinará si tu estudiante califica para el programa de trabajo y estudio.

Préstamos

Préstamos es dinero que se presta para pagar los gastos académicos. A diferencia de las becas, los préstamos se tienen que pagar devuelta. Los préstamos estudiantiles federales ofrecen una tasa de interés más baja que los préstamos privados. Por lo general, se difiere el pago de los préstamos hasta que el estudiante complete su educación.

Préstamos Stafford

Préstamos Stafford se proveen de acuerdo a necesidad financiera de fuentes como bancos, cooperativas de ahorro y crédito y el gobierno federal. Estos préstamos caen en tres categorías:

- Subsidiados *– préstamos a largo plazo que tienen una baja tasa de interés. Mientras el estudiante esté matriculado por lo menos a tiempo parcial, el gobierno pagará el interés.*

- No subsidiados *– préstamos que le exige al estudiante pagar por los intereses generados mientras esté matriculado.*

- Adicionales no subsidiados *– préstamos sólo para estudiantes independientes.*

Préstamos Plus

Estos préstamos les ofrecen una baja tasa de interés a padres de estudiantes matriculados en un colegio o una universidad a por lo menos tiempo parcial (la mitad del mínimo número de créditos de tiempo completo). Los préstamos se basan en los costos académicos y en el historial de crédito. El plazo de pago comienza de 60 a 90 días tras dispensarse el monto completo del préstamo o tras la graduación del estudiante.

Préstamos Perkins
Estos préstamos, por lo general, tienen la tasa de interés más baja de todos los préstamos disponibles. Se les ofrecen a estudiantes que demuestran necesidad financiera extrema. El monto otorgado es de poca cantidad porque hay una cantidad limitada fondos. Estos préstamos no generan intereses hasta los 9 tras que el estudiante reduzca el número de créditos a menos de los requeridos para tiempo parcial o se gradúe.

Préstamos privados
Un número de prestamistas, como bancos, cooperativas de ahorro y crédito, etc. proveen préstamos privados a estudiantes y padres. Para aprender más acerca de estas opciones, consulta a los prestamistas en tu área.

Programas de ahorro/inversiones

Cuentas de ahorro e inversiones personales son otra manera de financiar la educación universitaria de tu estudiante. Programas como el plan 529 proveen ahorros exentos a impuestos para los costos universitarios. Los planes 529 ofrecen dos opciones: planes de educación prepagada y de ahorro. Planes de educación prepagada te permite pagar la matrícula en avanzado al costo actual. Los planes de ahorro son similares a los planes 401k y de otras inversiones que invierten contribuciones en una variedad de opciones. Las opciones del plan 529 cambian por estado. Para obtener más información sobre estos planes en tu estado, consulta a un asesor financiero o visita *http://www.collegesavings.org*.

Solicitud Gratuita para Ayudas Federales al Estudiante (FAFSA)

La FAFSA es una solicitud de ayuda económica que DEBES completar. Este formulario determinará a cuáles ayudas económicas (becas, préstamos, trabajo y estudio) tu estudiante califica. Para recibir ayuda económica federal, DEBES llenar la FAFSA. Muchos formularios de ayuda ofrecidos por tu estado y universidades también exigen la FAFSA.

Puedes encontrar la FAFSA en línea visitando http://www.fafsa.ed.gov.

La FAFSA determinará tu aporte familiar previsto (EFC). El monto es lo que tu familia puede contribuir financieramente a los costos de la educación universitaria de tu estudiante y se calcula de la siguiente manera:

Monto de ayuda que necesitas = Total de los costos universitarios - EFC.

Para completar la FAFSA, necesitas la siguiente documentación:

- *Números de seguro social (de estudiantes y padres, si se incluye información sobre los padres)*
- *Licencia de conducir*
- *Número de registro para extranjeros (si el estudiante no es ciudadano de EE. UU.)*
- *Declaraciones federales de ingreso o formularios W-2 (de estudiantes y padres, si se incluye información sobre los padres)*
- *Toda la información bancaria, de inversiones y de activos (de estudiantes y padres, si se incluye información sobre los padres)*

La FAFSA puede ser sometida en línea o por correo. Se recomienda que la sometas en línea porque es más rápido. Sin embargo, se debe completar la FAFSA en papel para poder repasar toda la información acerca del estudiante y de los padres antes de transferirla a la solicitud en línea.

Familiarízate con las fechas límites de la FAFSA. Por lo general, la fecha límite oficial para solicitar para el siguiente año escolar es el 30 de junio. Sin embargo, las fechas límites de muchas universidades y estados son aún más temprano. Puedes encontrar una lista de fechas límites de estados en la solicitud o en el sitio Web de la FAFSA, *http://www.fafsa.ed.gov.*

Puedes someter la solicitud de la FAFSA desde el 1ro de enero. Recuerda que mucha de la ayuda económica se otorga en orden de llegada a individuos que califican, hasta que se agoten los fondos. Por esto, es importante someter la FAFSA lo antes posible para poder recibir la más ayuda posible.

Puedes encontrar instrucciones específicas en cómo llenar y someter la FAFSA en el sitio Web. No olvides incluir una lista en la FAFSA de todas las universidades y los colegios a los que tu estudiante solicite admisión para que se pueda determinar si califica para ayuda económica de las instituciones académicas.

Tras someter la FAFSA, recibirás un informe de ayuda estudiantil (SAR), el cual enumerará toda la ayuda federal y estatal que tu estudiante recibirá. Ayuda otorgada por la universidad también puede ser que esté incluida. La FAFSA debe ser sometida CADA año que tu estudiante planee asistir a la universidad.

Cuándo buscar ayuda económica

Muchos padres y estudiantes no están seguros de cuándo deben empezar a buscar ayuda económica. Te aconsejamos que lo hagas antes de empezar a solicitar admisión a instituciones. Parte del proceso de admisión es de primero entender tus opciones y después agotar tus recursos.

Se recomienda que empieces este proceso suponiendo que tu estudiante no recibirá ninguna ayuda económica. Así, emprenderás en una búsqueda exhaustiva de maneras para financiar la educación de tu estudiante. Empezando con becas y subvenciones, debes buscar en bases de datos, sitios Web, periódicos, revistas, organizaciones y cualquier otro recurso que provea información de becas. Ten en cuenta que ninguna cantidad es muy poca.

El plazo de muchas solicitudes para becas varía. Algunas se deben someter a principios de agosto en el último año de la escuela secundaria de tu estudiante, mientras que otras se tienen que someter hasta finales de la primavera. Sitios Web como FastWeb (*http://www.fastweb.com*) te notificarán automáticamente de cualquier beca o subvención nueva a la que tu estudiante puede calificar y las fechas límites de las mismas. Tu estudiante debe someter el mayor número de solicitudes para becas posible. No olvides que siempre hay dinero disponible para financiar la educación de tu estudiante. La clave es encontrarlo.

Por último, recuerda que la búsqueda por ayuda económica no se limita al último año de la secundaria de tu estudiante. A menos que el mismo haya tenido la suerte de recibir una beca completa, tu familia puede sacar provecho de ayuda económica adicional cada año que tu estudiante esté matriculado. Alguna ayuda sólo está disponible para estudiantes en sus últimos años de bachillerato, tales como la beca SMART, que se discutió más arriba. También se les notificará a muchos profesores y administradores universitarios de oportunidades adicionales a las cuales estudiantes pueden solicitar durante el año escolar. Así que se debe agotar todo recurso a pesar de que el estudiante ya esté matriculado.

Preguntas frecuentes

¿La FAFSA utiliza ingreso neto o bruto?

La FAFSA utiliza el ingreso bruto ajustado (AGI) para determinar la necesidad financiera de tu estudiante. Se debe tomar en cuenta todas las deducciones posibles al llenar la solicitud para asegurar que el estudiante califique a toda la ayuda posible.

¿La FAFSA toma en cuenta si tengo más de un hijo o estudiante en la universidad?

Sí, la FAFSA toma en cuenta esta información si la incluyes en la solicitud.

¿Y si dejamos pasar el plazo para la FAFSA?

El plazo de tu estado varía del plazo federal. Si dejas pasar cualquier plazo, ¡entonces debes enviar la información lo antes posible! Todavía podrías recibir ayuda económica estatal o federal. Ten en cuenta de que dejar pasar el plazo no significa que tu estudiante no va a poder asistir a la universidad. No obstante, esta demora puede afectar el monto de ayuda económica que recibirá de la escuela, el estado y el gobierno federal.

Resumen

Entender las opciones disponibles para ayuda económica es uno de los pasos más importantes en el proceso de admisión universitaria. Enumera y entiende todo lo que califique bajo gastos académicos para un año de bachillerato. Una variedad de fuentes, incluyendo el gobierno, organizaciones privadas y universidades, te pueden otorgar ayuda económica. Esta ayuda también viene de diferentes formas, tales como becas, subvenciones, préstamos y trabajo y estudio. Tu familia también tiene la opción de contribuir a planes de ahorro para educación superior para pagar los gastos académicos. La tabla más abajo demuestra los tipos de ayuda económica, los requisitos para participación y si deben ser pagadas al otorgante.

Tipo de ayuda	Necesidad/Mérito	¿Pagar?
Becas	Necesidad y mérito	No
Subvenciones	Necesidad	No
Estudio y trabajo	Necesidad	No
Préstamos	Necesidad	Sí

Fecha límite

Tu estudiante puede llenar el formulario de la FAFSA empezando el 1ro de enero del último año de la escuela secundaria. La fecha límite para solicitar ayuda económica varía por estado. Sin embargo, se debe llenar este formulario lo antes posible para recibir la más ayuda posible.

7
Estudiantes internacionales

Si tu estudiante no es ciudadano americano y quiere cursar en un instituto de educación superior en los Estados Unidos, entonces debes informarte acerca de ciertos requisitos adicionales.

El proceso de solicitud

Primero, tu estudiante debe iniciar el proceso de solicitud A MÁS TARDAR un año antes del primer día de bachillerato. Así tendrá bastante tiempo para tomar exámenes, obtener visas de estudiante y enviar por correo y procesar cualquier información adicional.

Además de los artículos enumerados en el *Capítulo 4*, un paquete de solicitud debe incluir lo siguiente:

- *Récords, transcripciones de créditos o documentos certificados oficiales que resumen el trabajo de curso de tu estudiante en la escuela secundaria. Por lo general, estos documentos tendrán que ser evaluados por una organización de EE. UU. que repasa los credenciales académicos de tu estudiante, incluyendo trabajo de curso y las escuelas secundarias a las que haya asistido.*

- *Una declaración de recursos financieros que compruebe que tu estudiante puede pagar por completo el primer año o cada año de su educación. También se debe incluir documentación adicional que identifique las fuentes de sus fondos.*

- *Resultados del examen de inglés como idioma extranjero (TOEFL). Este examen mide la habilidad de tu estudiante de hablar y entender inglés. Algunas escuelas no requieren este examen para estudiantes de países de habla inglesa. Si es un requisito, la mayoría de las escuelas notificarán a tu estudiante del mismo al recibir el paquete de solicitud. Para determinar si es requerido* de tu estudiante, consulta el sitio Web de la universidad o contacta la oficina a cargo de los servicios a estudiantes internacionales.

Obtén una visa de estudiante

Tras tu estudiante ser aceptado a la universidad, haber pagado las cuotas de la matrícula y haber sometido toda la evidencia de capacidad financiera, la universidad le dará un formulario I-20. Este formulario le asignará a tu estudiante un número del sistema de información de estudiantes y visitantes de intercambio (SEVIS), el cual rastrea su información como estudiante internacional. El formulario I-20 se debe presentar al solicitar y obtener una visa de estudiante en la embajada o consulado de EE. UU. Las visas de estudiante más comunes son las siguientes:

- <u>F-1</u> – *la visa más común, para estudiantes que cursan estudios académicos en una institución acreditada en los Estados Unidos.*

- <u>M-1</u> – *para estudiantes que cursan estudios no académicos o vocacionales en los Estados Unidos.*

Para obtener una visa F-1, tu estudiante de probar que tiene fondos suficientes para financiar el primer año de estudios. Para una visa M-1, tu estudiante debe probar que tiene fondos para financiar todos sus estudios. Tu estudiante también necesitará hacer una cita para una entrevista en la embajada o consulado de los Estados Unidos. Además, tiene que pagar el SEVIS y las cuotas para la visa.

Para aprender más acerca del proceso de obtener una visa de estudiante, puede visitar los sitios Web del Departamento del Estado de EE. UU. (*http://travel.state.gov/visa/temp/types/types_1268.html*) y de **Educación** USA (*http://www.educationusa.info*).

Es importante solicitar para una visa de estudiante lo antes posible. Sin embargo, una visa de estudiante no puede ser emitida más de 120 días antes de la fecha oficial del primer día de clases en la universidad. Además, tu estudiante no puede entrar al país más de 30 días antes del primer día de clases oficial si es la primera vez que usa una visa de estudiante.

Para mantener la visa de estudiante, tu estudiante debe estar matriculado a tiempo completo, con un mínimo de 12 créditos, en una universidad acreditada. Además, debe retener en buen estado académico.

Ayuda económica

Estudiantes internacionales no califican para la mayoría de la ayuda económica federal de los Estados Unidos. Sólo estudiantes que son ciudadanos o residentes permanentes pueden completar la Solicitud Gratuita para Ayudas Federales al Estudiante (FAFSA). Aunque estudiantes internacionales deben proveer prueba de que pueden financiar su educación completa, todavía existe una variedad de opciones de ayuda disponible.

Becas universitarias

Algunas universidades ofrecen becas para estudiantes internacionales. Para determinar si una universidad ofrece este tipo de becas, consulta el sitio Web de la universidad o la oficina a cargo de los servicios para estudiantes internacionales.

Becas privadas/gubernamentales

Becas están disponibles de un número de organizaciones privadas, sin fines de lucro y para estudiantes internacionales. El gobierno de tu país puede proveer ayuda económica para estudiantes que deciden estudiar en el extranjero. Además, los Estados Unidos ofrecen becas para los estudiantes internacionales estudiando dentro del país. Sitios Web, tales como el de ayuda económica para educación internacional (IEFA), proveen una lista de becas para estudiantes internacionales en los Estados Unidos y en otros países (*http://www.iefa.org/*).

Oportunidades de empleo

Estudiantes también pueden calificar para ciertos empleos dentro del campus. Regulaciones de inmigración limitan el número de horas laborales por semana de 15 a 20. Además, estudiantes de primer año sólo pueden trabajar dentro de la universidad.

Puedes encontrar información acerca de admisiones, ayuda económica, visas de estudiante y más para estudiantes internacionales visitando los sitios Web del CollegeBoard (*http://collegeboard.com*), EducationUSA (*http://www.educationusa.info*), IEFA (http://www.iefa.org/) y EduPass (*http://www.edupass.org/*).

Preguntas frecuentes

¿Puede mi estudiante viajar a casa mientras está matriculado en una institución en los Estados Unidos?

Sí, tu estudiante puede viajar a su casa con la visa de estudiante. Pero ten en cuenta de que si su visa expira mientras esté matriculado, tu estudiante mantendrá su estatus legal de estudiante. Sin embargo, si regresa a su país con su visa expirada, no podrá regresar a los Estados Unidos antes de recibir su nueva visa. Es importante que estés al tanto de la fecha de expiración de la visa y del progreso académico de tu estudiante.

Resumen

Como estudiante internacional, tu estudiante debe cumplir con los requisitos adicionales al solicitar admisión en una institución estadounidense. Para obtener una visa de estudiante, primero debe someter un paquete de solicitud, incluyendo documentación financiera, resultados del TOEFL y certificaciones o transcripciones de créditos de su escuela secundaria y sus cursos. Existe una variedad de opciones de ayuda económica para estudiantes internacionales. Repasa cada opción disponible.

Fecha límite

Es muy importante empezar este proceso lo antes posible para que cualquier demora de procesamiento no impida la admisión y matrícula de tu estudiante a la universidad. Empieza a solicitar lo antes posible, a más tardar un año antes del primer día de bachillerato. Además, recuerda que las visas de estudiantes no pueden ser otorgadas hasta 120 días antes de la fecha oficial del primer día de clases. Además, tu estudiante no puede entrar a los Estados Unidos antes de los 30 días anteriores a la fecha oficial del primer día de clases.

8

Actividades tras la decisión

Tras someter solicitudes y tomar los exámenes de admisión, la espera por las cartas de aceptación (y/o rechazo) empieza. Estas cartas pueden llegar desde a principios de diciembre hasta a finales de mayo para el próximo semestre del otoño.

Cuando lleguen las cartas de decisión, también llega el momento de iniciar las actividades consiguientes a éstas. Si tu estudiante decide a cuál universidad quiere asistir, tras recibir la carta de aceptación de la misma, entonces puede tomar los pasos presentados en este capítulo. Sin embargo, si todavía no está seguro, entonces debe esperar a recibir todas las cartas de decisiones de las universidades antes de iniciar las siguientes actividades.

Las cartas de decisión proveen una de las siguientes noticias:

- *Aceptación* – *el estudiante es admitido a la universidad.*

- *Rechazo* – *el estudiante no es admitido a la universidad.*

- *Lista de espera*- *el estudiante no fue aceptado, pero ha sido puesto en la lista de espera de la universidad.*

Si tu estudiante recibe una carta de aceptación, entonces él/ella debe decidir si asistirá o no. Las cartas de rechazo, por lo general, no proveen ninguna información sobre por qué la universidad rechazó la solicitud. Puede ser por una de muchas razones, incluyendo porque la solicitud era menos competitiva, comparada con las demás, o porque sólo se puede aceptar un número limitado de estudiantes (por admisiones continuas). Por lo general, se les recomienda a los estudiantes a solicitar otra vez como estudiantes nuevos o transferidos.

Si tu estudiante está en una lista de espera, entonces no ha sido aceptado a la universidad. Sin embargo, todavía puede ser aceptado basado en el número de estudiantes que deciden no asistir a la misma. Esta decisión, por lo general, se actualiza en la primavera cuando los estudiantes tienen que notificar a las universidades de su decisión. Tu estudiante debe hacer lo siguiente si está en una lista de espera y quiere asistir a esa universidad:

- *Contactar la oficina de admisiones inmediatamente para aprender sobre el proceso, fechas límites y posibilidad de aceptación.*
- *Identificar una segunda opción entre las escuelas que lo aceptaron.*
- *Proseguir con las actividades que se deben completar tras la decisión, asumiendo lo peor, que no será aceptado a ninguna universidad.*

Los primeros dos pasos son muy importantes porque la decisión de la lista de espera puede llegar a finales de mayo. Entretanto, se le debe notificar la decisión del estudiante a las otras escuelas que lo aceptaron. Tomas un gran riesgo al esperar por la decisión de la escuela que tiene a tu estudiante en la lista de espera. Muchos estudiantes en listas de espera no son aceptados. Si tu estudiante está muy interesado en asistir a la universidad que lo puso en la lista de espera, entonces debe completar las siguientes tareas para su segunda opción de escuela, a la cual tu estudiante fue aceptado, por si acaso. Si la universidad acepta a tu estudiante de la lista de espera, entonces puedes perder cuotas/depósitos pagados a la otra escuela.

Si tu estudiante es rechazado por todas las universidades a las cuales solicitó admisión, entonces es importante determinar el próximo paso. Primero, que no cunda el pánico. Contacta las oficinas de admisiones de las universidades y pregunta sobre el proceso de someter cartas de apelación para reconsideración.

Segundo, busca universidades, incluyendo comunitarias, al las cuales tu estudiante puede solicitar para empezar en el semestre de otoño o primavera. Estas escuelas le permitirán tomar cursos básicos requeridos el primer año de bachillerato. También, le permitirán solicitar admisión a otras universidades para el siguiente semestre.

No olvides que el que no haya sido aceptado no quiere decir que tu estudiante no puede asistir a la universidad. Puede significar, sin embargo, que ahora debe explorar alternativas para poder completar su educación.

Actividades a completar

Cuando tu estudiante toma la decisión de asistir a una universidad que lo haya aceptado, debe seguir los siguientes pasos lo antes posible.

Notificar escuelas de su decisión

Al someter esta información, las escuelas entonces pueden admitir a estudiantes en la lista de espera lo antes posible.

Someter depósitos, cuotas y papelería

Todo esto conlleva someter depósitos de alojamiento (si se quedará en el campus) al igual que cuotas de matrícula, inscripción y permisos de estacionamiento (si tendrá un vehículo). De acuerdo al tamaño de la universidad y del nuevo cuerpo estudiantil, tales cosas como alojamiento y estacionamiento pueden estar limitadas. Para garantizarle estas cosas a tu estudiante, debes someter los depósitos lo antes posible y verificar el recibo de esta información. Además, récords médicos deben ser sometidos, incluyendo prueba de que sus inmunizaciones estén al día.

Verificar que créditos hayan sido aceptados

Si tu estudiante tomó exámenes de AP o cursos a nivel universitario, entonces verifica que la universidad los haya aceptado e implementado para los cursos equivalentes. Esto se puede demorar si tu estudiante no ha completado los cursos o tomado los exámenes antes de terminar el último año de secundaria, pues la universidad no ha recibido los resultados de los mismos.

Verificar el paquete de ayuda económica

Cualquier universidad honrará el paquete de ayuda económica proveído tras llenar el formulario de la FAFSA. Además, tu estudiante puede calificar a becas de la universidad basadas en mérito y/o necesidad financiera. La oficina de ayuda económica de la universidad puede proveer información sobre el paquete de ayuda económica de tu estudiante. Es importante aceptar o rechazar ayuda económica antes de la fecha límite.

Sigue buscando ayuda económica
Si tu estudiante no recibe una beca completa, entonces todavía se otorgan becas y premios durante el año. Sigue buscando ayuda a través de la oficina de ayuda económica, bases de datos y los establecimientos locales, tales como organizaciones cívicas, iglesias, etc.

Confirma el calendario de orientación
Algunas universidades ofrecen varias sesiones para estudiantes de primer año: durante el verano y/o semana antes del primer día de clases. En estas sesiones de orientación, estudiantes conocen a otros estudiantes y a la facultad del departamento y se matriculan en cursos.

Termina el año con buenas calificaciones
Por lo general, estudiantes pierden motivación tras regresar a clases después de las vacaciones en diciembre. No obstante, es muy importante que tu estudiante siga empeñándose en sus cursos del último año de la escuela secundaria. Algunas universidades monitorean de cerca esta información y exigen una copia de la transcripción de créditos al final del año.

Busca/solicita a internados en el verano
Completar un internado en el verano en la especialidad de interés de tu estudiante es una gran manera de comenzar el primer año de universidad. El internado le proveerá a tu estudiante una idea general de las oportunidades laborales en ese campo y también será algo para agregar a su currículo profesional.

Visita el campus
Planea visitar un campus si tu estudiante no ha decidido a cuál universidad, de las que lo aceptaron, quiere asistir. Aunque quieras visitar universidades durante el otoño, existen muchos beneficios al esperar a la primavera, cuando tu estudiante ya haya recibido las cartas de aceptación.

Primero, debes visitar las escuelas a las cuales tu estudiante fue aceptado y está considerando asistir seriamente. Aquí está la diferencia entre las 10 universidades a las que solicitó en el otoño y las 2 ó 3 que lo aceptaron en la primavera. Además, tu estudiante puede tener preguntas específicas acerca de cada universidad que se pueden contestar durante el *tour* de la universidad. La respuesta a una de estas preguntas puede ser el factor decisivo en su decisión.

Puedes hacer reservaciones para un *tour* del campus a través de la oficina de admisiones de cualquier universidad. Muchas universidades ofrecen programas especiales por lo menos una vez por semestre. Estos programas están diseñados para juntar a todos los estudiantes interesados en la universidad y brindarle la más publicidad posible a la misma. Los programas no permiten interacción personal con admisiones, la facultad o estudiantes actuales. Por lo general, los *tours* se dan a diario o semanalmente y consisten de un pequeño grupo de los estudiantes y sus padres. Además, algunas escuelas dejan que los estudiantes interesados pasen el día con estudiantes actuales, asistiendo a clases, almorzando, visitando dormitorios, etc.

En estos *tours*, es importante hacer muchas preguntas y obtener mucha información. Esta puede ser la única oportunidad que tu estudiante tendrá para visitar el campus antes de tomar su decisión. Lo siguiente es una lista de preguntas generales para cuando tu estudiante vaya en el *tour* del campus:

Becas/ayuda económica

- *¿Qué becas de la universidad, escuela o departamento están disponibles para estudiantes matriculados? ¿Cómo se reparten las mismas?*

- *¿Cuál es el criterio de participación (mérito, necesidad, etc.) y los requisitos de mantenimiento?*

- *¿Qué porcentaje de estudiantes de primer año de bachillerato reciben ayuda económica de la universidad?*

Alojamiento/seguridad
- *¿Estudiantes de primer año comparten dormitorios con estudiantes de otros años o se alojan por separado? ¿Existen restricciones (vehículos, toque de queda, dormitorios mixtos, etc.)? ¿Qué opciones de alojamiento existen tras el primer año de bachillerato? ¿Pueden los estudiantes escoger su alojamiento o es asignado? Si es asignado, ¿es una lotería o es por orden de llegada?*
- *¿Qué medidas de seguridad se toman en el campus (escoltas, etc.)?*
- *¿Los dormitorios se encuentran a través de todo el campus o sólo en un área designada? ¿Ofrecen un servicio de autobuses entre el área de los salones de clases, el centro estudiantil, la biblioteca y los dormitorios? ¿Hasta qué hora está disponible?*
- *¿Tienen un sistema de seguridad para prohibirle a los que no son estudiantes acceso al campus y/o dormitorios?*
- *¿Con cuántos policías cuenta la fuerza de seguridad del campus? ¿Patrullan el campus con regularidad?*

Vida estudiantil (Preguntas para los guías del tour)
- *¿Qué servicios ofrece el centro de salud del campus? ¿Cuán grande es?*
- *¿El centro de salud refiere estudiantes al hospital local? ¿Cuál hospital?*
- *¿Qué es lo menos que te gusta de esta escuela?*
- *¿Los profesores son accesibles? ¿Enseñan la mayoría de las clases o lo hacen los asistentes de profesores y facultad de tiempo parcial?*
- *¿Qué necesita mejorar la escuela?*
- *¿Cuántas cafeterías tiene el campus? ¿Pueden los estudiantes matricularse en planes de comida flexibles?*

Educación (Preguntas para departamentos en específico)
- *¿Cómo organizan los estudiantes su plan de estudios y cómo se aseguran seguirlo? ¿Se les asignan asesores académicos a los estudiantes?*
- *¿Ofrecen una clase de orientación para los estudiantes de primer año de bachillerato? Si es el caso, ¿esta clase es departamental o específica a cierta escuela?*
- *¿Qué servicios de tutoría tienen disponibles?*
- *¿Cuál es el tamaño promedio de las clases? ¿Cuál es la proporción de profesor a estudiantes?*
- *¿Cuál es la puntuación promedio del SAT/ACT y GPA de la clase entrante del año anterior?*

Preguntas frecuentes

Mi estudiante fue rechazado de las escuelas a las que solicitó admisión. ¿Qué podemos hacer para que vaya a una escuela en el otoño?

Lo más inteligente que puedes hacer es contactar las universidades y los colegios comunitarios locales. Explícales a los representantes de admisiones la situación y toma los pasos necesarios para someter una solicitud lo antes posible para la matrícula del otoño. Tu estudiante debe matricularse en algunos cursos básicos que se puedan transferir a la institución de su elección como crédito comparable el primer año de bachillerato. Consulta los currículos de los cursos del departamento para obtener una lista de cursos disponibles.

Resumen

Cuando tu estudiante reciba las cartas de la decisión de las universidades, entonces es el momento de decidir a cuál universidad asistirá o de considerar alternativas en el caso de que no haya sido aceptado a ninguna escuela. Este capítulo repasó ciertas actividades que tu estudiante debe completar tras decidir a cuál universidad asistirá. Se deben completar antes de las fechas límites, siempre manteniendo un récord de todos los documentos y pagos sometidos. Considera visitar los campus si tu estudiante todavía no se decide entre múltiples universidades.

Fecha límite

Estudiantes tienen hasta el 1ro de mayo para notificar a las escuelas de su decisión. Recomendamos completar las actividades tras la decisión para finales de mayo, a más tardar.

9

El verano anterior

A este punto, tú y tu estudiante han completado una increíble jornada. Tu estudiante se ha graduado de la escuela secundaria y espera ansiosamente la próxima etapa de su vida como estudiante universitario. Pero todavía hay unas cuantas cosas para completar durante el verano anterior al primer año de la universidad.

Confirma Alojamiento

Si tu estudiante se hospedará dentro de la universidad, confirma cuál dormitorio, su ubicación y el arreglo en la habitación. Esto incluye lo siguiente:

- ¿Cuántos estudiantes se hospedarán en cada habitación?
- ¿Los baños son privados o comunales?
- ¿Qué amenidades están disponibles en cada habitación?
- ¿Qué tipos de cosas se permiten/prohíben en cada habitación?
- ¿Qué tipo de seguridad se encuentra en las habitaciones y en el edificio?

Es importante considerar estas preguntas antes de comprar electrodomésticos, artículos de baño y otros artículos para la habitación. Además, si planeas viajar con tu estudiante para ayudarlo con la mudanza, puedes comprar muchos de estos artículos tras llegar y desempacar. Sólo compra y empaca las cosas necesarias para la mudanza, como productos de limpieza, ropa, zapatos, etc.

Al empacar ropa y zapatos, verifica que tu estudiante sólo empaque lo necesario. A menudo, estudiantes tratan de llevarse su clóset entero. Si planeas visitar a tu estudiante o éste planea visitarte a ti en algún momento, entonces sólo empaca la ropa de la temporada para evitar tener más de lo necesario y tener que guardarlo en la habitación, donde puede haber poco espacio.

Contacta a los compañeros de habitación

Al asignar alojamiento, la universidad notificará a tu estudiante de sus compañeros de habitación. Puedes contactar a estos compañeros para presentarse y preguntarles lo que traerán para su mudanza. Por ejemplo, un estudiante puede traer un televisor que puede compartir con los otros. Muchos estudiantes todavía querrán traer sus propios electrodomésticos aunque haya dos de cada uno en la habitación. Llegar a conocer a los compañeros de habitación de tu estudiante antes de la mudanza también te ayudará a investigar más sobre la seguridad en la habitación y cómo cada uno planea garantizar la seguridad de cada uno en su habitación.

Verifica los recibos de papelería, depósitos y cuotas

Esto garantizará que tu estudiante estará listo para comenzar su primer año de bachillerato sin problemas con la matrícula, el alojamiento, etc.

Repasa los requisitos del programa y el propuesto curso de estudios

Esto asegura que tu estudiante entiende los requisitos para obtener un título en la especialidad que haya seleccionado antes de la orientación. Tu estudiante también debe llenar un calendario con las fechas y horas de las clases del primer semestre y año. Un estudiante a tiempo completo debe completar por lo menos 12 créditos por semestre. No obstante, tu estudiante debe matricularse para tomar de 15 a 17 créditos por sea caso decide retirarse de un curso tras empezar el semestre. Esto le asegura el número de créditos necesarios para mantener su estatus de tiempo completo, lo cual se requiere para muchos tipos de ayuda económica.

Asegúrate de que tu estudiante entienda esto y de que ambos hayan identificado los cursos que tomará el primer semestre para cumplir con los requisitos del programa. Aunque un asesor académico se le asignará a tu estudiante, es mejor que entienda los requisitos del programa y esté preparado adecuadamente antes de llegar al campus.

Busca ayuda económica

A menos que tu estudiante haya recibido ayuda económica que le cubrirá todos sus gastos académicos, sigue buscando más oportunidades económicas. Becas están disponibles el año entero. Organizaciones locales, incluyendo iglesias y organizaciones cívicas, ofrecen becas al finalizar el año escolar a estudiantes que se graduarán de la escuela secundaria.

Encuentra internados

Ahora es el momento para que tu estudiante inicie un internado en su campo de interés. Muchas organizaciones les proveen actividades de desarrollo profesional e internados durante el verano a estudiantes universitarios. Además, compañías cuentan con internados durante el verano para estudiantes de toda clasificación. Busca oportunidades de internados en sitios Web y preguntándole a amigos y compañeros de trabajo.

Ahorra dinero

Tú y tu estudiante deben ahorrar dinero para ayudar con cualquier costo incidental, como para entretenimiento, emergencias, etc.

Disfruta del verano

Este será el último verano antes de que tu estudiante comience su vida universitaria. Pasen y disfruten de mucho tiempo juntos. Planeen unas vacaciones para celebrar sus maravillosos logros. ¡Ambos se lo merecen!

10

Palabras finales

Esta guía está diseñada para llevarte, paso a paso, por el proceso de admisión universitaria de tu estudiante. A estas alturas, debes entender cada paso y cuándo debe ser completado. A pesar de los intereses y las decisiones de tu estudiante, es importante recordar lo siguiente:

Empieza temprano
Mientras más temprano empieces, menos estrés enfrentarán ambos, tú y tu estudiante. No olvides que este proceso debe ser completado DURANTE el último año de la escuela secundaria de tu estudiante. Y éste todavía tiene que enfocarse en sus tareas escolares.

Organízate
Mantén por separado toda solicitud y documentación de cada escuela y beca. Esto permitirá fácil acceso y rastreo de información sometida. Además, crea un calendario para buscar fechas importantes, incluyendo las mencionadas en esta guía. Puedes usar el calendario más abajo de guía. Incluye cualquier fecha y nota personal también.

Confírmalo todo
La mayoría de las universidades te enviarán confirmación de que han recibido una solicitud completa. Asegúrate de recibir esta confirmación para garantizar que repasen la solicitud de tu estudiante a tiempo.

Completa la FAFSA ya
No olvides que la FAFSA se basa en las declaraciones de impuestos del año anterior y debe ser completada lo antes posibles para que calificar para toda ayuda federal, estatal y universitaria. Es imperativo que esta información se someta de manera inmediata y precisa.

Agota tu búsqueda de ayuda económica
Oportunidades para ayuda económica están disponibles todo el año, incluyendo después que tu estudiante se haya matriculado como universitario. No dejes de solicitar a éstas.

Paga todas las cuotas y depósitos ya
No olvides que cosas como alojamiento pueden ser asignadas a base del primero que llegue. Paga todas las cuotas y depósitos lo antes posible para asegurar que tu estudiante tendrá opciones.

Infórmate
No confíes en tu estudiante y sus asesores académicos para llevarlo a través de este proceso. Es importante que entiendas, por lo menos, el proceso de admisión y lo que se necesita para completarlo con éxito. Asiste a talleres o eventos en tu área diseñados para informar a estudiantes y sus padres sobre el proceso de admisión a universidades.

Pide ayuda
Hay momentos en que tendrás preguntas. Pide ayuda. No te limites a pedirle ayuda sólo a asesores académicos y otros en la administración de la escuela secundaria de tu estudiante. También pídele ayuda a tus familiares, amigos y compañeros de trabajo que han pasado por la misma experiencia.

Calendario de actividades para el último año
Julio-Agosto

- *Obtén transcripciones de créditos de la secundaria.*

- *Busca acceso a una computadora e Internet y redacta un currículo profesional.*

- *Desarrolla un sistema de archivo.*

- *Identifica escuelas y especialidades, visitando sitios Web y escuelas, contactando a departamentos y asesores de admisiones, etc. Imprime copias de solicitudes.*

- *Si puedes, toma un curso de preparación para el SAT/ACT.*

- Completa la cuenta de FastWeb para obtener solicitudes para becas.

Septiembre
- Identifica escuelas para solicitar admisión. Selecciona el tipo de solicitud y revisa los plazos de cada universidad.
- Si puedes, inscríbete para tomar el SAT/ACT en octubre.
- Completa la sección de información general de cada solicitud.
- Empieza a escribir los ensayos de cada solicitud. Usa el ensayo genérico como punto de partida. Obtén sugerencias de profesores y otras personas.
- Busca/completa solicitudes para becas.

Octubre
- Identifica asesores/profesores para pedirle recomendaciones y ayuda.
- Completa las secciones de los ensayos y preguntas cortas de las solicitudes.
- Busca/completa solicitudes para becas.
- Toma el SAT/ACT.

Noviembre
- Somete solicitudes (Decisión/acción temprana).
- Somete las recomendaciones de profesores y asesores académicos a los mismos para llenar.
- Organiza y repasa el paquete de solicitud para asegurar una solicitud precisa y completa.
- Busca/completa solicitudes para becas.

Diciembre
- Somete solicitudes (decisión regular).
- Somete las calificaciones del primer semestre (último año de la secundaria), si la universidad lo requiere.

- *Busca/completa solicitudes para becas.*

Enero
- *Fecha límite para solicitudes de decisión regular.*
- *Somete la FAFSA.*
- *Busca/completa solicitudes para becas.*

Febrero
- *Repasa paquetes de aceptación.*
- *Busca/completa solicitudes para becas.*

Marzo
- *Repasa paquetes de aceptación.*
- *Busca/completa solicitudes para becas.*

Abril
- *Planea tomar* tours *de campus.*
- *Repasa paquetes de aceptación.*
- *Busca/completa solicitudes para becas.*

Mayo
- *Fecha límite para someter cartas de aceptación/rechazo a universidades.*
- *Busca/completa solicitudes para becas.*
- *Somete las cuotas y depósitos para asistir a la universidad.*

Junio/Julio
- *Completa las actividades de verano antes de asistir a la universidad.*

www.ingramcontent.com/pod-product-compliance
Lightning Source LLC
Chambersburg PA
CBHW071838290426
44109CB00017B/1849